聊齋故事

STRANGE STORIES FROM
A CHINESE STUDIO

Linda Hsia and Roger Yeu

夏錢俊
樂亦平 合編

FAR EASTERN PUBLICATIONS

YALE UNIVERSITY

NEW HAVEN, CONNECTICUT

Second printing, 1967

Table of Contents

聊齋故事

Foreword

This book contains altogether twenty lessons, each of
which is a story written in simple colloquial Chinese.
These stories are not of our own invention; they are all
adapted from literary language tales in Pú Sūng-líng's
蒲 松 齡 Lyáujāi Jr̀ Yì 聊 齋 志 異 , or, as Herbert A.
Giles translates it, Strange Stories from a Chinese Studio.

We have prepared this book as a supplementary reader
for those students who are familiar with the spoken vocab-
ulary and sentence patterns presented in Speak Chinese as
well as with the six hundred characters introduced in Read
Chinese, Books I and II. As can be seen, only a limited
number of new characters and compounds are introduced in
this book. Each new item is explained in a footnote, as it
appears for the first time in the text.

In the preparation of this volume, we have received
help from many friends and colleagues. To them all we wish
to express our heartfelt thanks.

Linda Hsia

November 30, 1965

序

　　認識五六百中國字的人一定願意看一些中國書，可是合適的中國書還不容易找。我跟我的同事樂亦平先生談了好幾回，我們覺得要是我們用遠東語文學院介紹的六百字把文言的聊齋志異繙譯成白話，那麼大家就可以看了。六百字非常少，能繙的故事也不多。我們暫時繙譯了二十個，印出來也許對大家有點兒幫助。

　　聊齋志異普通也叫聊齋。這是清朝初年山東省一位蒲松齡先生寫的。這位蒲先生很有學問，他寫過很多書。他的書房名子叫聊齋。這本聊齋就是他沒有事的時候，在他書房

裏寫的一本故事書。這本書裏有好幾百個奇怪的故事。雖然故事都不同，可是作者有一個目的，就是告訴我們應當幫別人的忙，幫社會的忙；作好事，別作壞事。作好事對別人方便，對自己也有好處。可惜蒲先生寫完這本書以後，沒能把這本書拿到書舖裏去印出來。誰想要他寫的書，都得用手抄寫，相當費事。在蒲先生死後五十年左右，別人才把聊齋志異印出來。一印出來，立刻就成了有名的書了。後來很多外國人也把這書繙譯成外國文，介紹給全世界。凡是讀過的人都認為這是一本很有價值的書。

在我們繙譯和注解這些故事的時候，許多朋友和同事幫了很多的忙。

我在這裏特別向他們道謝。

夏錢俊序於耶魯大學
一九六五年七月十日

600 characters introduced in Read Chinese I and II

1
一 yī I 1

2
又 yòu I 8
二 èr I 1
十 shŕ I 1
七 chī I 1
了 le (lyǎu) I 2
力 lì II 12
人 rèn I 1
八 bā I 1
九 jyǒu I 1

3
三 sān I 1
已 yǐ I 12
己 jǐ I 14
下 syà I 1
士 shŕ II 10
工 gūng I 14
子 dž I 3
也 yě I 1
才 tsái I 19
大 dà I 1
小 syǎu I 1
上 shàng I 1
口 kǒu II 13

山 shān I 17
久 jyǒn II 5
千 chyān I 10
女 nyǔ I 10

4
火 hwǒ I 13
六 lyòu I 1
文 wén I 16
方 fāng I 2
心 syīn I 19
王 wáng I 19
天 tyān I 1
尺 chŕ II 12
夫 fū I 14
五 wǔ I 1
切 chyè II 14
太 tài I 9
友 yǒu I 6
不 bù I 1
少 shǎu I 3
以 yǐ I 5
日 r̀ I 5
中 jūng I 1
比 bǐ I 17
水 shwěi I 13
今 jīn I 7

分 fēn I 13
父 fù I 7
公 gūng II 6
介 jyè II 1
月 ywè I 1
午 wǔ II 3
手 shǒu I 10
毛 máu I 19
化 hwà II 14
反 fǎn II 7

5
半 bàn I 6
立 lì II 3
主 jǔ II 12
市 shŕ II 13
必 bì I 11
平 píng I 15
司 sz II 16
民 mín II 15
可 kě I 4
打 dǎ I 14
正 jèng I 11
去 chyù I 3
世 shŕ II 7
本 běn I 5
左 dzwǒ I 18

右 yòu I 18
石 shŕ II 11
加 jyā II 13
布 bù II 4
母 mǔ I 7
目 mù II 15
且 chyě II 11
北 běi I 18
叫 jyàu I 6
只 jř II 11
史 shŕ II 9
另 lìng II 6
四 sz̀ I 1
出 chū I 8
外 wài I 2
用 yùng I 4
包 bāu II 3
生 shēng I 3
皮 pí II 3
句 jyù I 11
白 bái I 13
他 tā I 1

6
字 dž I 5
安 ān II 2

忙 máng I 18
次 tsz̀ I 17
交 jyāu II 9
衣 yī I 16
式 shŕ II 4
再 dzài I 8
地 dì I 2
西 syī I 4
老 lǎu I 6
考 kǎu II 9
共 gùng II 1
死 sž II 7
百 bǎi I 6
有 yǒu I 1
在 dzài I 2
而 ér II 11
光 gwāng II 10
早 dzǎu I 6
同 túng II 11
因 yīn I 9
吃 chŕ I 5
回 hwéi I 5
肉 ròu II 12
收 shōu II 2
全 chywán II 14
合 hé II 4

名 míng I 16
各 gè II 13
多 dwō I 3
年 nyán I 8
色 sè II 4
危 wéi II 15
先 syān I 3
自 dž I 14
向 syàng II 14
休 syōu II 8
件 jyàn I 9
好 hǎu I 3
如 rú II 11
行 syíng I 9

7
決 jywé II 5
沒 méi I 1
汽 chì II 3
究 jyōu II 7
完 wán I 16
弟 dì I 2
快 kwài I 8
冷 lěng II 8
言 yán I 14
忘 wàng I 12
那 nà I 2

600 characters introduced in Read Chinese I and II

局 jyú II/2	迎 yíng II/14	拉 lā II/12	兒 ér I/2	要 yàu I/3	信 syìn I/10
形 syíng II/9	何 hé II/9	事 shř I/4	的 de I/1	拾 shŕ II/2	怎 dzěm II/11
車 chē I/13	但 dàn I/19	或 hwò I/13	所 swǒ I/7	甚 shém I/2	便 byàn (pyán) I/19
更 gèng I/17	作 dzwò I/4	東 dūng I/4	姐 jyě II/4	故 gù II/7	保 bǎu II/6
把 bǎ I/8	低 dī II/7	雨 yǔ II/10	姓 syìng I/7	相 syàng II/12	俄 è II/9
找 jǎu I/13	近 jìn I/18	兩 lyǎng I/1	**9**	查 chá II/10	係 syì II/5
走 dzǒu I/6	**8**	取 chyǔ II/6	洋 yáng II/15	飛 fēi I/3	紅 húng II/4
李 lǐ II/2	注 jù I/13	來 lái I/3	洗 syǐ I/19	南 nán I/18	約 ywē II/7
成 chéng II/4	河 hé I/17	奇 chí I/19	活 hwó II/7	架 jyà II/15	很 hěn I/3
助 jù II/15	法 fà (fá) I/16	到 dàu I/2	派 pài II/9	省 shěng II/8	後 hòu I/2
見 jyàn I/11	油 yóu II/14	直 jŕ I/18	穿 chwān I/18	是 shř I/1	**10**
里 lǐ II/1	空 kūng II/2	味 wèi II/10	差 chà I/12	星 syīng II/7	酒 jyǒu I/18
吧 ba I/11	定 dìng I/11	長 chang I/17	美 měi I/16	昨 dzwó I/7	消 syāu II/15
別 byé I/9	並 bìng II/11	呢 ne I/11	送 sùng I/9	思 sz I/9	海 hǎi II/1
男 nán I/10	怪 gwài I/19	門 mén I/8	前 chyán I/2	苦 kǔ II/7	容 rúng I/16
希 syī II/3	怕 pà I/16	明 míng I/7	客 kè I/16	英 yīng II/9	害 hài II/9
坐 dzwò I/5	房 fáng I/10	易 yì I/16	音 yīn II/5	界 jyè II/7	家 jyā I/7
每 měi I/19	放 fàng I/14	花 hwā II/11	計 jì II/13	急 jí II/3	烟 yān II/5
告 gàu I/12	夜 yè I/12	些 syē I/4	軍 jyūn II/15	拜 bài I/9	站 jàn I/12
我 wǒ I/1	底 dǐ I/14	非 fēi II/3	度 dù II/10	看 kàn I/2	這 jè I/2
利 lì II/9	府 fǔ II/13	念 nyàn I/7	春 chwūn II/1	重 jùng II/12	記 jì II/3
私 sz II/10	刻 kè I/13	金 jīn II/6	屋 wū I/10	科 kē II/10	高 gāu I/11
位 wèi I/9	玩 wán I/15	往 wàng I/19	按 àn II/5	秋 chyōu II/1	病 bìng I/15
住 jù I/7	青 chīng II/12	朋 péng I/6	孩 hái I/12	香 syāng II/14	旅 lyǔ II/2
你 nǐ I/1	表 byǎu I/10	知 jř I/8	封 fēng II/1	風 fēng II/2	通 tūng II/12
身 shēn II/11	社 shè II/9	忽 hū II/12	政 jèng II/13	俗 sú II/14	書 shū I/7

600 characters introduced in Read Chinese I and II

神 shén II 11	隻 jŕ II 12	雪 sywě II 8	將 jyāng II 14	痛 tùng II 10	過 gwò I 13
連 lyán II 9	留 lyóu II 5	習 syí II 9	第 dì I 7	發 fā II 10	菜 tsài I 14
哥 gē I 15	息 syì II 8	球 chyóu II 11	參 tsān II 8	畫 hwà I 17	買 mǎi I 4
城 chéng I 12	借 jyè II 9	理 lǐ II 7	夠 gòu I 15	敢 gǎn II 6	爲 wèi I 6
起 chǐ I 8	值 jŕ II 6	現 syàn I 6	動 dùng II 8	費 fèi II 9	飯 fàn I 5
恐 kǔng II 2	們 mén I 1	張 jāng I 11	魚 yú I 17	替 tì II 2	筆 bǐ I 10
院 ywàn II 10	個 gè I 1	規 gwēi II 8	郵 yóu II 2	報 bàu I 13	等 děng I 8
除 chú II 6	候 hòu I 4	救 jyòu II 15	進 jìn I 9	喜 syǐ I 15	答 dá II 9
降 jyàng II 15	條 tyáu I 17	接 jyē II 1	停 tíng II 3	場 chǎng II 8	然 rán I 19
眞 jēn II 10	紙 jŕ I 10	蛋 dàn II 12	鳥 nyǎu II 8	換 hwàn II 4	無 wú II 14
夏 syà II 1	航 háng II 2	教 jyāu (jyàu) I 13	既 jì II 11	陽 yáng II 11	短 dwǎn I 17
原 ywán II 10	**11**	推 twēi II 12	假 jyà II 8	期 chí II 7	備 bèi II 1
校 syàu I 13	深 shēn II 4	都 dōu (dū) I 4	偷 tōu II 6	黃 hwáng II 4	結 jyé II 5
剛 gāng I 1	涼 lyáng II 8	票 pyàu I 3	紹 shàu II 1	極 jí I 17	給 gěi I 3
時 shŕ I 4	清 chīng II 3	乾 gān II 2	組 dzǔ II 13	棹 jwō I 14	幾 jǐ I 6
員 ywán II 15	淺 chyǎn II 4	基 jī II 15	船 chwán I 17	黑 hēi I 17	街 jyē I 12
哭 kū I 15	淨 jìng II 2	陸 lù II 15	婚 hwūn II 5	景 jǐng II 4	**13**
草 tsǎu II 8	着 je (jāu) I 8	帶 dài I 15	得 de dé I 13	量 lyáng II 4	溫 wēn II 10
茶 chá I 14	寄 jì II 2	研 yán II 7	從 tsúng I 8	最 dzwèi I 17	新 syīn II 10
笑 syàu I 14	情 chíng I 9	堂 táng II 7	**12**	開 kāi I 13	意 yì I 6
拿 ná I 9	惜 syī II 12	常 cháng II 10	湖 hú II 11	間 jyān II 2	該 gāi II 6
能 néng I 5	部 bù II 15	問 wèn I 5	普 pǔ I 12	晚 wǎn I 7	試 shr̀ II 4
氣 chì I 11	商 shāng II 4	畢 bì II 4	道 dàu I 18	喝 hē I 18	話 hwà II 3
特 tè II 2	許 syǔ I 19	唱 chàng II 11	訴 sù I 12	單 dān II 5	裏 lǐ I 2
租 dzū II 5	望 wàng II 3	國 gwó I 3	運 yùn II 8	貴 gwèi I 9	電 dyàn II 2
倍 bèi II 13	產 chǎn II 13	處 chù II 11	就 jyòu I 5	跑 pǎu I 13	零 líng II 3

600 characters introduced in Read Chinese I and II

預 yù II/1	**14**	種 jǔng II/8	價 jyà II/4	學 sywé I/5	難 nán I/12
較 jyǎu II/14	滿 mǎn II/7	像 syàng II/5	練 lyàn II/9	**17**	醫 yī II/10
遠 ywǎn I/18	實 shŕ II/6	綠 lyù II/8	線 syàn II/14	濟 jì II/14	願 ywàn I/15
塊 kwài I/7	察 chá II/6	**15**	德 dé II/4	講 jyǎng II/7	題 tí II/9
楚 chǔ I/3	慢 màn I/8	窮 chyúng II/7	**16**	謝 syè I/13	關 gwān I/13
想 syǎng I/4	慣 gwàn II/14	寫 syě I/5	懂 dǔng I/2	禮 lǐ I/9	護 hù I/10
當 dāng I/15	精 jīng II/11	談 tán II/1	燈 dēng II/5	應 yīng I/15	體 tǐ I/11
賊 dzéi II/6	適 shŕ II/4	請 chǐng I/5	燒 shāu II/10	幫 bāng I/15	觀 gwān II/8
睡 shwèi I/15	說 shwō I/3	課 kè II/8	親 chīn I/7	聲 shēng II/5	歡 hwān I/15
照 jàu II/10	誌 jŕ II/15	論 lwùn II/14	辦 bàn I/16	聯 lyán II/10	蘇 sū II/15
號 hàu II/4	語 yǔ II/3	誰 shéi I/10	靜 jìng II/7	檢 jyǎn II/10	警 jǐng I/6
嗎 ma II/6	認 rèn I/14	熟 shú II/13	頭 tóu I/2	點 dyǎn I/6	舊 jyòu I/18
落 lwò II/15	誠 chéng II/12	廣 gwǎng II/5	據 jyù II/15	雖 swéi II/5	藥 yàu II/10
跟 gēn I/11	麼 ma I/2	熱 rè II/2	險 syǎn II/6	牆 chyáng II/5	雞 jī I/12
園 ywán II/11	需 syū II/5	暫 jàn II/5	樹 shù II/8	臉 lyǎn I/19	簡 jyǎn II/13
路 lù I/15	劃 hwà II/13	賣 mài I/4	機 jī II/3	總 dzǔng II/9	鐵 tyě II/13
葉 yè II/13	輕 chīng II/14	趣 chyù II/12	歷 lì II/9	**18**	鐘 jūng I/8
萬 wàn I/10	歌 gē I/11	鞋 syé I/4	縣 syàn II/13	類 lèi II/14	覺 jywé (jyàu) I/16
歲 swèi I/12	緊 jǐn I/11	隨 swéi II/10	器 chì II/14	懶 lǎn II/12	邊 byān I/18
業 yè II/2	團 twán II/13	樣 yàng I/17	戲 syì II/11	顏 yán II/4	織 jŕ II/13
裝 jwāng II/14	圖 tú II/8	樓 lóu I/4	還 hái I/6	識 shr̀ I/14	
愛 ài I/9	對 dwèi I/4	概 gài II/1	館 gwǎn I/18	讓 ràng II/3	
會 hwèi I/5	管 gwǎn II/5	影 yǐng II/11	錯 tswò I/16	離 lí I/18	
解 jyě II/13	算 swàn I/14	數 shù I/19	錢 chyán I/4	雜 dzá II/15	
經 jīng I/12	銀 yín II/6	鬧 nàu II/12	興 syìng II/7	壞 hwài I/16	
鄉 syāng II/1	銅 túng II/6	鋪 pù I/6	舉 jyǔ II/9	聽 tīng I/6	

一、 八哥兒

1. bāgēr myna bird

八哥兒是一種黑顏色的鳥兒，會學人說話。很多人家裏都養[1]這種鳥兒。

從前有一個姓李的，養了一個八哥兒。天天給他肉吃，天天教他說話。這個八哥兒非常聰明[2]，一教就會。有時候還能跟李先生談話所以李先生很喜歡他。每次出去玩兒都帶着他。這樣過了好幾年。

有一次，李先生又帶着這個鳥兒到另外一個城裏去玩兒。這個城離他住的那個城很遠。玩兒了幾天錢都用完了。李先生不知道怎麼辦，很着急。八哥兒就跟他說：「你為甚麼不把我賣了？你可以把我賣給縣長，你一定可以賣很好的價錢。」李先生說：「我跟你是這麼好的朋友，

1. yǎng to raise
2. tsūngming intelligent, clever

我怎麼能把你賣了呢？」八哥兒說：
「沒關係，你把我賣了以後，就到西
邊兒城外頭二十里的大樹底下等着
我。」李先生沒法子，就按着八哥兒
說的話把鳥兒帶到街上跟他大聲兒
的說話。街上的人聽見一個人跟一
個鳥兒說話，都覺得很奇怪，就都
過來看是怎麼回事。看的人越來越[1]
多。

有人告訴縣長，縣長聽見這事就
把李先生找去了，一看，這個鳥兒
這麼聰明，能跟人說話，就要買。
李先生說：「我們兩個是很好的朋友，
我不願意賣他。」縣長又問鳥兒說：
「你願意住在我這兒嗎？」鳥兒回答說：
「我願意住在你這兒。」縣長非常高興。
鳥兒又說：「你給十兩[2]銀子，不要多

1. ywèláiywè... getting more and more
2. lyǎng tael

給。」縣長一聽，更高興了，立刻就給了李先生十兩銀子。李先生拿着錢，好像很難過¹的樣子，就出去了。

縣長有了鳥兒，高興極了，就跟鳥兒談話。鳥兒也跟他談話，並且回答得很快。縣長又給他肉吃。吃完了，鳥兒說：「我要洗澡²。」縣長就叫人拿水來，把鳥兒籠子³開開，讓他洗澡。

鳥兒洗完澡以後，就飛到窗戶⁴那兒，還跟縣長不停的談話。過了一會兒，身上⁵的毛乾了，就說：「我要走了，再見！」說完就飛走了，越飛越遠⁶，一會兒就看不見了。縣長很着急，叫用人⁷去找李先生，可是李先生早就走了，找不着了。

1. nángwò   sad
2. syǐdzǎu   to bathe
3. lúngdz   cage
4. chwānghu   window
5. shēnshang   on the body
6. ywèfēiywèywǎn   flying farther and farther
7. yùngren   servant

二、畫兒上的馬

畫馬

千金不惜購驊騮
妙畫通靈何處求
霧氣溟濛點睛
龍破壁子昂直
可繼僧繇

臨清縣[1]有一個姓崔[2]的，家裏很窮，
連房子壞了都沒有錢收拾。

　有一天早上，他起來的時候，看
見他的房子外頭有一個馬[3]。那個馬
身上的毛是黑的，有幾處是白的。
他尾巴[4]上的毛好像是讓火燒了的樣
子。除了尾巴以外，真是非常好看。
他想那個馬不是他的，不知道是從
甚麼地方來的，就把那個馬趕走[5]了。
到了晚上那個馬又來了。每天都是
這樣，早上也來，晚上也來。姓崔
的把他趕走[5]了，他自己又回來。姓
崔的沒法子，也不知道他的主人是
誰。

　姓崔的有一個好朋友住在太原，
離他住的地方很遠。他常想到太原
去看看他的朋友，可是沒有馬，沒

1. Línchīngsyàn name of a county
2. Tswēi a Chinese surname
3. mǎ horse
4. yǐba(wěiba) tail
5. gǎndzǒu to chase away

法子去。他想去太原，可是怎麼去
呢？忽然他看見那個馬又在外頭，
他就把那個不知道從甚麼地方來的
馬拉過來，騎¹着走了。他走的時候
告訴家裏的人說：「要是有人來找馬，
就告訴他我騎到太原去了。」

　　一到路上，那個馬就跑，跑得快
極了。一會兒，就跑了一百里路。
路上好看的風景都沒看見，因為那
個馬跑得太快了。到了晚上，那個
馬也不吃甚麼東西。姓崔的以為他
有病。第二天就想法子不讓他跑得
那麼快。可是不行。那個馬又跳²又
叫，好像是不願意慢走。他沒法子，
只好讓馬快跑。中午就到太原了。

　　一騎到城裏，大街上的人就都看
這個馬，都說這個馬好，從來沒看

1. chí   to ride(horse)
2. tyàu to jump

見過這麼好看的馬。

　　這個消息立刻就讓太原縣長知道了。縣長願意給很高的價錢買這個馬。可是姓崔的怕馬的主人¹來找，所以不敢賣。在太原等了半年，一直没有人來找過。他想了想，就把這個馬賣給縣長了。賣了八百兩銀子。自己另外買了一個馬回家了。

　　過了好些時候，縣長因為有一件要緊的事，派了一個軍官²騎着這個馬到臨清縣去辦事。這個軍官到了以後，剛下馬，正要去辦事，忽然那個馬跑了。那個軍官就在後頭追³。追到崔家不遠，馬一跳就跳進東邊兒那家的門裏去了。

　　軍官也立刻跟着進了大門，可是那個馬不在裏頭。問房子主人，房

1. jǔren master, host
2. jyūngwān military officer
3. jwēi to chase after

子主人也没看見馬進來。那個軍官
不信，走到屋子裏去看。他看見牆
上有一張畫兒，畫兒上畫着幾個馬。
有一個黑馬，樣子跟那個剛跑進去
的馬一樣。尾巴那兒讓火燒了一點
兒。那個軍官才想到，那個馬就是
畫上的這個馬，並且怎麼叫他，他
都不下來了。

　這麼奇怪的事情怎麼能回去告訴
縣長呢？縣長怎麼信呢？他没法子，
就一定叫那個房子主人還[1]他的馬。
房主人不還，兩個人就打起來[2]了。

　姓崔的因為把馬賣了，有錢了，
就作了一個買賣。他的買賣作得很
好，不久就非常有錢。他聽見這件
事情就自動的借給房子主人八百兩
銀子。房子主人把這八百兩銀子給

1. hwán　to return(something)
2. dǎchilai　to start to fight

那個單官。單官拿着銀子就走了。
房子主人很感謝'姓崔的，可是他不
知道姓崔的就是因為賣了這個畫兒
上的馬才有錢的。

1. gǎnsyè   thankful

三. 鳥兒語

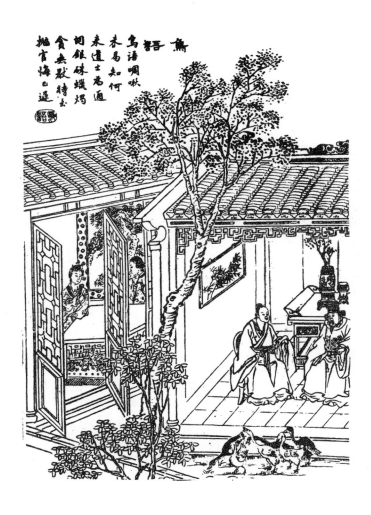

鳥兒語

鳥語啁啾
未鳥知如何
來遺士君面
詢銀珠蠟煌
貪無猒待玄
拋官悔已遲

有一個道士[1]在一個鄉下人家[2]門口
兒要東西吃。剛吃完，他就告訴那
家的主人說：「請你們小心火，要是
着了火[3]，可不好救[4]。」那個鄉下人問
他：「你怎麼知道要着火呢？」他說：
「您[5]沒看見剛才飛過去的一個黃鳥兒
嗎？鳥兒說：「大火難救，可怕[6]！可
怕」聽的人都覺得他不應該，吃了
別人的飯，怎麼能說別人的房子要
着火呢？誰都沒理他，也沒覺得會
着火。道士也看出來[7]他們不信就走
了。

可是第二天真着火了。燒了好幾
所兒房子。好不容易[8]才把火救了。
這時候大家才知道要是聽道士的話，
小心一點兒，也許燒不起來。道士

1. dàushr̄ taoist
2. rénjyā family
3. jáuhwǒ to catch fire
4. jyòu to put out(fire)
5. nín you(polite form)
6. kěpà dreadful
7. kànchulai to notice
   seeing
8. hǎuburúngyi finally,
   not at all easy

說得那麼對，而且他能預先知道，大概他是神仙[1]吧，後來有人看見他就叫他神仙。他說：「我怎麼會是神仙呢？我懂鳥兒語就是了[2]。」

正在這個時候，前頭那家人家的樹上有個鳥兒唧唧喳喳[3]的好像是說話。他們就問道士那個鳥兒說甚麼。他說：「鳥兒說：『六號生，十四十六死。』大概那家兒生了兩個孩子，今天是十號，一個禮拜裏兩個孩子都得死。」問問，果然[4]那家生了兩個孩子，沒有多少天，兩個孩子都死了。一個是十四號死的，一個是十六號死的。連日子都不錯。

這樣不平常的事，當然是你告訴我，我告訴你。沒有幾天縣長也聽說了。縣長派人把道士請到縣政府

1. shénsyan fairy
2. jyòushr̀le that's all
3. jīji jā jā chirping
4. gwǒrán indeed, really, truly

裏去吃飯。縣政府的花園子裏有一
個小湖，湖裏有幾隻白鴨子[1]。鴨子
這時候正在一邊兒談話，一邊兒玩
水。縣長就問道士鴨子說甚麼。道
士說：「您府上的兩位太太生氣呢吧！」
鴨子說：「算了，算了，你幫着她，你
幫着她！」縣長笑了，因為縣長就
是因為兩位太太生氣，不知道幫助
誰好，所以才走出來的。道士把縣
長心裏的事說出來了。縣長覺得這
個道士簡直是神仙，就把他留在縣
政府裏管他吃，管他住，對他很客
氣。可是道士很誠實。鳥兒說甚麼，
他就告訴縣長甚麼。有時候鳥兒說
的話很不客氣，很難聽，可是道士
不管，他一個字也不留都說出來，
多半都說得很對。

1. yādz duck

　　這個縣長向來就愛錢。他常把別人送來的東西拿出去賣。賣來的錢交給太太。比方說吧，有人送他一本很值錢的書，他就把書賣了。他說這樣兒的書對他沒用。

　　有一天縣長正跟道士在花園裏談話呢，那幾隻白鴨子又過來了。縣長問今天鴨子說甚麼。道士聽了聽說：「今天鴨子說的跟以前說的不同。今天鴨子替您算錢呢。」「算甚麼錢呢?」「鴨子說：「那個燈賣了一塊八，那幾包紅顏色賣了十塊零八毛。」縣長一聽這幾句話，臉立刻就紅了，臉上很難看，心裏很不高興。他想這個道士一定是笑話他愛錢。道士看見這個情形，也低着頭回到屋子裏去了。他覺得最好離開這兒，不能再

住下去了。第二天早上他去跟縣長說他要走，沒想到縣長不讓他走。

又過了些時候，縣長請客。喝酒的喝酒，談話的談話。忽然飛來一隻紅鳥兒，在房子上叫了兩聲[1]就飛走了。有一位客人就問：「紅鳥兒說甚麼？他說我們高興，是不是？」道士看了看這位說話的客人說：「紅鳥兒說：『還高興呢！新縣長快來了。』」大家一聽，你看看我，我看看你，誰都沒再說甚麼。縣長的臉上又紅又白，非常生氣，叫人把道士立刻打出去了。

果然沒有幾天，縣長的事情就沒有了。其實[2]神仙已經預先告訴他了，可惜他沒理。

1. shēng measure of voice or sound
2. chíshŕ as a matter of fact

四、醫生

醫術

素問靈
樞競瑞
摩窺坦誰
洞十三科道人
一語珠調侃者
笛名醫該字多

　　有一個姓張的是山東人。他很窮。
有一天在路上看見一個道士。這個
道士會看相[1]，跟他說：「你應當學一
種本事[2]，可以發財[3]。」姓張的問他學
甚麽本事。道士又看了看他的臉，
告訴他：「你最好作醫生。」姓張的說：
「我最多就認識兩個字，怎麽能作醫
生？」道士笑着說：「你何必那麽認真[4]
呢？有名的醫生不用認識很多字。
你就作醫生就是了。」

　　這個姓張的回家以後，真是窮得
沒飯吃。想了半天想不出法子來，
所以他就找了很多藥方子[5]，買了一
點普通藥，在大街上找了一塊乾淨
地方，放上一個桌子，他就作起醫
生來了。他的目的不過是賺[6]點兒錢
吃飯。

1. kànsyàng to practice physiognomy
2. běnshr ability
3. fātsái to make a fortune
4. rènjēn to take it seriously
5. yàufāngdz prescription
6. jwàn to earn (money)

不久青州城裏頭有一個官¹，因為
咳嗽²老不好，就寫一封信來叫這兒
的縣長給找一個好醫生。可是這兒
是小地方，人口很少，沒有甚麼好
醫生，可是縣長又不能說沒有，所
以就告訴城裏的人說：「誰是好醫生，
請你們自己來告訴我。」大家就說姓
張的是醫生。縣長就把姓張的叫去
了。那個時候，姓張的自己也咳嗽
得很利害。他自己也沒法子治³。聽
說叫他去給官治咳嗽，他怎麼敢去？
他說他不會，縣長不聽，還是決定
派他去，他沒法子只好去。

路上經過一個大山，山路很不容
易走。他一邊兒走一邊咳嗽，越走
越想喝水，他就到一個人家的門口
去要水。可是山上的水非常少，比

1. gwān official
2. késou to cough
3. jř to cure

最好的酒還貴，跟誰要誰都不給。
後來他看見一個女人在那兒洗青菜，
菜多水少，所以盆裏頭的水非常混[2]，
可是姓張的非喝不可。那個女人就
給了他一碗[3]。他喝下去不到半個鐘
頭，就覺得舒服[4]多了，也不咳嗽了，
他心裏想這碗混水原來[5]是一碗好藥。

　　到了青州城裏頭，聽說已經有很
多醫生給官看過病，試過很多藥，
可是都沒用。姓張的進去看過病人，
出來要了一間屋子，因為他得作藥。
他告訴他們立刻得派人到山上去找
些青菜來。要了一個乾淨盆，放了
半盆水。菜找來以後他就關着門洗
菜。洗完了菜，把洗菜的混水拿去
給官喝，並且跟官說半個鐘頭他就
會覺得很舒服。果然藥很靈[6]，晚上

1. pén   basin, pot
2. hwún   turbid or dirty
3. wǎn   bowl
4. shūfu   comfortable
5. ywánlái   originally, actually
6. líng   efficacious

官就一點兒都不咳嗽了。官非常高
興，送給他很多錢跟東西，並且到
處告訴人，所以誰都知道他是好醫
生。

　　後來有一個人病得很利害，到他
這兒來看，沒想到他那天喝酒喝醉
了，隨便給病人一個藥方子，第二
天早上他才知道不對，可是已經太
晚了。他不敢告訴人。過了三天忽
然有很多人來找他，他以為那個有
病的人吃錯了藥死了，原來是病人
吃了他的藥好了，派這些人來送東
西給他的，他才放心。

　　像這樣的事情很多。不管誰有甚
麼病，不管他的藥方子對不對，病
人吃了他的藥都會好。大家都知道
他是好醫生。誰都來找他看病。後

來他果然發財了。發財以後，他不
隨便給別人看病了。要是找他看病
的人不派車來接他，他就不去。

五. 從前的事情

六道輪迴
悲墮落三
生因果說
分明非閻
麥馬成奇
癖記浮前
身伏據情

生三

有一個姓劉的，他記得他生以前
的事情。他說從前他是一個念過書
的鄉下老先生。因為他歲數大、也
念過書所以別人都對他很客氣。可
是他作的事多半兒都對不起人。活
到六十二歲就死了。剛去見閻王的
時候，閻王也對他很客氣。請他坐，
還請他喝茶。他看見閻王那碗茶是
清的，他自己這碗很混。他心裏想，
人家說，死了以後，閻王給你一碗
迷魂湯，喝下去就甚麼都不記得了，
這大概就是吧。他看見閻王不注意
的時候，他偷偷兒的把他這碗茶倒
在桌子底下了，好像他已經喝了的樣
子。閻王正跟別人說話沒看見他把
茶倒了.

這時候閻王己經問清楚了他從前

1. Lyóu a Chinese surname
2. Yánwang King of Hades
3. chīng clear
4. míhwúntāng waters of oblivion-
   given to souls so they forget
   their past lives when they are
   to be reborn

5. dàu to pour

作的那些壞事，就很生氣，叫鬼[1]把他拉下去罰[2]他作馬。果然上來很多鬼把他拉下去了，推着他走到一個門口兒叫他進去。他不願意進去。那些鬼就用力打他。他一痛就跳進去了。在裏頭聽見有人說：「大馬生了一個小馬。」他心裏很明白可是說不出話來。他想吃東西，沒法子只好到馬媽媽[3]那兒去吃。過了四五年身體又高又大，可是他怕打，一看見鞭子[4]就跑。要是主人騎他，給他身上蓋[5]很多東西，騎着慢慢兒的走，就不覺得怎麼痛。要是用人騎，身上不給他蓋甚麼東西，兩隻腿[6]在他身體的兩邊兒打，叫他快跑，那真是痛極了。他非常生氣，決定不活

1. gwěi   ghost
2. fá   to punish
3. māma   mamma
4. byāndz   whip
5. gài   to cover
6. twěi   leg

着了。他三天甚麼東西都没吃就死了。

閻王一看見他就説：「我罰你的日子還没滿呢，你怎麼回來了？」給他換換皮又罰他作狗[1]。他心裏很不高興，不願意走。那些鬼又打他，打得他一邊兒跑一邊兒叫。他心裏想活着還不如死呢。跑到高山上，往山下用力一跳，跳下去了，没死。可是怎麼起也起不來。再一看，原來是跟狗媽媽在一塊呢。還有幾個狗哥哥，狗弟弟。才知道自己已經又到人的世界上來了。

過了幾個月在街上看見一種東西知道不能吃，可是覺得真香。後來他決定不吃。作了一年的狗，一想起來就生氣，想死，又怕日子不滿。

1. gǒu dog

主人也非常喜歡他，從來没打過他。
他没法子。有一天，他忽然咬[1]主人
的腿，咬下來一塊肉。主人氣極了
就把他打死了。

　　閻王知道他又是自己找死，打了
他幾百鞭子，罰他作蛇[2]。把他關在
一個黑屋子裏，看不見天，也看不
見太陽。只好在墙上爬[3]忽然從窗户
爬出去了。他一看，自己真是一條
草綠顏色的大蛇。這次他決定不再
作壞事也不再咬人了。每天就吃樹
上的葉子跟草地上的青菜。過了一
年多，自己心裏老想找一個好法子
死。有一天正睡在草地上想法子，
聽見大車從遠處來的聲音，他立刻
去睡在路當中。大車經過的時候就
把他壓死[4]了。

1. yǎu   to bite
2. shé   snake
3. pá   to crawl
4. yāsz   to crush to death

　　閻王説：「你怎麼這麼快又回來了呢？」他很不好意思的對閻王説他頭一次來的時候沒喝那碗迷魂湯，也説了好些作馬作狗的苦處。閻王也很同情他，就答應¹他日子滿了以後可以再作人。

　　這就是這位姓劉的。他一生下來就會説話。念書也念得比別人好。很早他就作大官了。他常常勸²人騎馬一定要給馬身上多蓋些東西，因為騎馬的人的兩條腿打得比鞭子打得痛得多。

1. dāying to promise, to agree
2. chywàn to advise

六.　玩兒蛇的

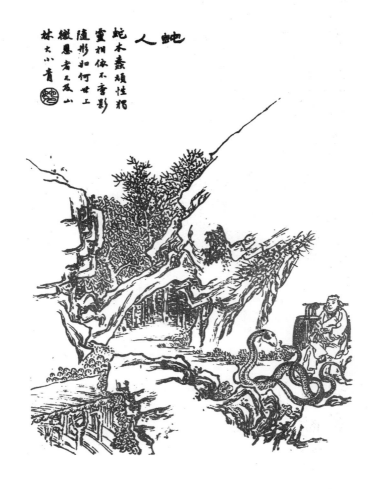

蛇

蛇本蠢頑性相
靈相依不離影
隨形如何世工
微恩者久及山
林大小青

東城有一個玩兒蛇的。不知道他
叫甚麼名字，可是因為他是表演'玩
兒蛇過日子的，別人就叫他蛇人。
蛇人一共有兩條蛇，都是青顏色的.
大一點兒的叫大青，小一點兒的叫
二青。二青頭上有一個紅點兒[2]。這
條蛇特別聽話[3]，叫他作甚麼他就作
甚麼，所以蛇人最喜歡二青。過了
一年大青死了。蛇人想再找一條蛇
來代替[4]大青，可是總找不着一條合
適的蛇。

有一天蛇人帶着二青出去表演，
晚上走到一個山上，因為天已經黑
了，應該找地方睡覺了。可是山裏
沒有旅館，只有一個廟[5]，他就到廟
裏睡覺去了。

1. byǎuyǎn to perform
2. húngdyǎr red dot
3. tīnghwà to obey
4. dàiti to substitute

5. myàu temple

蛇人那天晚上在山上的一個廟裏
睡了一夜。第二天早上一看，二青
不在那兒了。他在廟裏各處都找了，
可是還找不着。蛇人很着急，又到
廟外頭去找，大聲兒的叫，可是也
找不着。蛇人忽然想起以前到山上
樹多草長的地方也有時候讓二青出
去，一會兒他自己就會回來。這一
次一定自己也會回來。所以就回到
廟裏頭去等。等了半天，已經到中
午的時候了，蛇還沒有回來。蛇人
想沒希望了，二青一定不回來了，
就拿着東西很生氣的走出去了。

蛇人剛剛走出了廟門，忽然聽見
草裏有一點兒聲音，他很奇怪，過
去一看，是二青剛回來。蛇人高興
極了，立刻把東西放下。二青也過

來了。在他的後頭還有一條小蛇。
蛇人摸着二青說：「我以為你這次出
去不再回來了，這個小朋友是你介
紹來的嗎？」他一邊兒說話，一邊兒
拿出蛇吃的飯來給二青吃，也給那
個小蛇吃。小蛇雖然不跑，可是也
有一點兒怕的樣子。二青就用嘴把
飯給小蛇拿過去。那樣子就像主人
請客人吃東西一樣。小蛇吃了一次，
蛇人再給他吃的時候他就不怕了，
也吃了。兩條蛇吃完東西以後，小
蛇就跟着二青一塊兒進籠子裏去了。
蛇人把小蛇帶去訓練。那小蛇很聰
明，學得很快。玩兒的時候，他很
聽蛇人的話，也很懂蛇人的意思，
跟二青一樣，所以蛇人就叫他小青。
帶着他們到各處去表演，賺了不少

1. mwō　to touch
2. dzwěi　mouth
3. syùnlyàn　to train

錢。

　普通一個表演的蛇，最長的不能
過兩尺，再大了，蛇的身體就太重
了，就得換一條新的蛇。現在<u>二青</u>
已經差不多快兩尺了，應該把他放
了，可是因為<u>二青</u>非常好，又聽<u>蛇
人</u>的話，所以<u>蛇人</u>不願意讓他立刻
離開他。又過了兩三年，<u>二青</u>長到
三尺多長了，籠子也太小了，所以
<u>蛇人</u>決定把他放走。

　有一天，他到了一個山裏，把<u>二
青</u>放出來，給他吃些很好的飯，跟
他說了再見，就把他放了。<u>二青</u>走
了一會兒以後，又回來了，在籠子
外頭走來走去。<u>蛇人</u>就說：「你走吧，
我們早晚'有一天要分開的。以後你
可以在大山裏住，多麼好呢！怎麼

1. dzǎuwǎn sooner or later

能老住在這個籠子裏呢？」二青就走
了。蛇人看着他走了，心裏也很難
過。過了一會兒，二青又回來了。
叫他走，他也不走，用頭蹤着籠子，
小青也在籠子裏上下的動。蛇人明
白了，說：「你是不是要跟小青說再
見？」他就把籠子開開，讓小青出來。
兩條蛇頭蹤着頭好像說再見一樣。
一會兒兩條蛇一塊走了。蛇人以為
這一次小青一定也不回來了。可是
過了一會兒，小青自己慢慢的回來
了，就到籠子裏去了。

二青回到山裏去以後，經過那個
山上的人常常看見他。過了幾年，
他長得又長又大，常出來追人。所
以經過那個山上的人都很怕他。大
家都知道了這件事情就沒有人敢從

1. pèng to touch, to meet

那個山上經過了。可是蛇人不知道
這件事情。

　有一天蛇人有事，又從那個山上
經過。忽然像起大風一樣，一條大
蛇從山裏出來了。他嚇²得立刻就跑。
那蛇在後頭追他，他回頭³一看，那
蛇已經快到他身後頭了。忽然看見
那條蛇頭上，清清楚楚⁴的有一個紅
點兒。他想起來這條蛇一定是二青，
他就放下東西叫：「二青！二青！」他
這麼一叫，那條大蛇立刻就不動了。
抬⁵着頭，看了他半天，就過來到他
的身上，好像從前表演的時候一樣。
蛇人覺得他沒有壞的意思。可是現
在二青已經太大了，身體太重了，
他在蛇人的身上玩兒，蛇人簡直的
站不住就躺⁶在地下大叫。二青才放

1. chǐ...fēng wind starts to blow
2. syà to be scared
3. hwéitóu to turn one's head
4. chīngchingchuchǔde clearly
5. tái to raise
   (one's head)
6. tǎng to lie

他，又用頭踫踫籠子。蛇人懂他的意思，就開開籠子把小青放出來。兩條蛇一見着就到一塊兒去了，好像很久沒見的老朋友那樣高興。

蛇人就跟小青說：「我早就想把你放回山裏去。現在正好，你有老朋友在這兒，你可以跟他一塊兒去了。」又跟二青說：「小青本來是你帶來的，現在還是讓你帶去吧，我還要告訴你一句話：山裏有很多吃的東西，不要傷¹從這兒經過的人，要不然天就要罰你。」兩條蛇低着頭好像聽他說話。他說完了話，兩條蛇就走了，大的在前頭小的在後頭。蛇人看着他們，一直到看不見了才走。

從這時候起，從那個山上經過的人都很平安，也不知道這兩條蛇到

1. shāng to hurt

甚麼地方去了。

七、王六郎

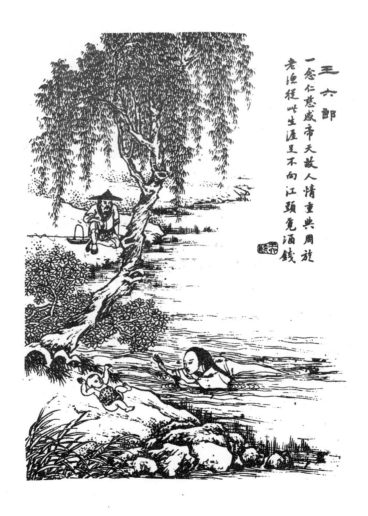

1. Wáng Lyòuláng   Wáng the sixth

從前有一個打魚的[1]，姓許，別人都叫他老許。老許很喜歡喝酒。每天晚上他到河邊兒上去打魚[2]的時候，他都帶着酒去。一邊兒喝酒一邊兒打魚。喝酒的時候，他總是先把一點兒酒倒在河裏，向着河水說：「河裏的鬼，請你們來喝酒吧。」每天他去打魚的時候都請河裏的鬼喝酒。奇怪，別的打魚的老是打不着魚，只有他每次都打着很多的魚，當然他非常高興了。

有一天晚上他正在河邊兒上喝酒打魚呢，忽然來了一個青年人在他左邊兒走來走去。老許請他喝酒，他也不客氣，就坐下了，一塊兒喝酒談話。可是那天晚上老許一直也沒打着魚，心裏很不高興。

1. dǎyúde fisherman
2. dǎyú to fish

那個青年人看出來老許有一點兒不高興了，就站起來說：「我到河的那邊兒去把魚趕來。」老許說：「你有甚麼法子能把魚趕來呢？」那個青年人說：「你不用管了，我當然有法子」說完了他就走了。一會兒他又回來了說：「魚來了。」

真的，河裏來了很多魚。老許一會兒就打上來好幾條，都是一二尺長的魚。老許高興得了不得，說：「我真得謝謝你，你是怎麼把魚趕來的呢？」青年人沒說話，就笑了笑，又坐下喝酒，到要走的時候，老許要送他幾條魚，他不要，他說：「我每天喝你的酒還沒謝你呢，今天給你作這麼一點兒事情真是沒甚麼。請你別客氣。要是你願意，我可以

天天跟你一塊兒喝酒給你趕魚。」老
許聽了這話覺得很奇怪，說：「你今
天是第一次來跟我喝酒，怎麼說每
天喝我的酒呢？要是你願意常來一
塊兒喝酒，那當然是好極了。」走的
時候老許問那個年青人的姓名'。他
說：「我姓王，你叫我王六郎就行了。」

　　第二天老許把打來的魚賣了，買
了很多酒，晚上走到河邊兒上，王
六郎已經先在那兒等着他了。他們
兩個人就喝酒，喝得很高興，喝了
一會兒，王六郎就幫着他趕魚。以
後每天都是這樣兒，一直的過了半
年。

　　有一天王六郎忽然跟老許說：「我
跟你認識到現在已經有半年多了，
你對我好像對你自己弟弟一樣好，

1. syingmíng name(family name + first name)

可惜我不久就要離開你了。」他說話
的聲音很難過。老許覺得很奇怪，
問他甚麼原故，他也不說。他們兩
個人喝了一會兒酒，都沒說甚麼話。
最後王六郎才告訴老許是怎麼回事。

　　他說：「像我跟你這麼好的朋友，
說出來你也許不會怕吧。我現在要
離開你了，可以跟你說真話了。我
實在是一個鬼，因為我活着的時候
喜歡喝酒，有一天喝多了，掉'在這
個河裏死了。這已經是好幾年以前
的事情了。從前你每一次來的時候，
都先把一點兒酒倒在河裏請我喝，
所以我就幫你的忙。你比別人打魚
打得多，也因為是這個原故。明天
有一個人要來替我作鬼，我就可以
再到世界上去作人去了。今天就是

1. dyàu   to fall, to drop

我們最後一次在一塊兒喝酒，所以我很難過。」

　　老許一聽見王六郎說他自己是一個鬼，心裏有一點兒怕。後來一想，這個人跟他這麼熟，又是很好的朋友，就不怕了，又想到他明天就要離開，也很難過，就倒了一點酒給他說：「六郎，請你喝這點兒酒吧，不要難過了。我們認識了不久你就要離開，當然是很可惜的，但是想到你不久又可以去作人去了，這實在是一件值得高興的事情，應該多喝一點酒，不應該這樣不高興。」所以他們兩個就又喝起酒來了。喝了很多酒。後來老許問他明天是甚麼人來替死。王六郎說：「你明天到河邊兒上來看吧。中午的時候，有一

個女人到河邊兒上來，掉到水裏去的就是。」他們兩個一邊兒談話一邊兒喝酒，不知不覺的已經快四點了，只好說了再見就回家了。

　　第二天老許很早就到河邊兒上等着看這件事情。等到中午的時候，真有一個女人帶着一個小孩兒走到河邊兒上來了。那個女人在河邊兒上走着走着，一不小心就掉到河裏去了。小孩兒沒掉下去，就在河邊兒上哭，那個女人在水裏上來下去了好幾次。

　　老許看着那個女人在水裏上來下去了好幾次，他很想過去把他拉上來。可是再一想，這個女人是替王六郎的，要是把他拉上來，王六郎就不能再去作人了，所以他不知道

1. bùjr̄bùjywé unconscious, unaware

怎麼辦才好。忽然那個女人自己上
來了，好像有人幫着他一樣。他從
水裏上來以後，坐在地下休息了一
會兒，就帶着孩子走了。

　老許看見他帶着孩子走了，覺得
很奇怪。他想王六郎說的話不對嗎？
　晚上老許到河邊兒上去打魚，王
六郎又來了。他一看見老許就說：
「我又回來了，又能跟你一塊兒喝酒
談話了。我大概暫時不離開你。」老
許問他甚麼原故。他說：「那個女人
本來是應該替我作鬼的，但是我一
想，他帶着一個小孩子，要是他死
了，那個孩子也活不了。因為我一
個鬼，得死兩個人，真是不對，所
以我又把他送上來了。以後不知道
要等到甚麼時候才能再有替我作鬼

的人來呢。這樣兒也好，我們又可以在一塊兒喝酒了。」老許說：「六郎，你的心這麼好，天上的神一定會幫你的忙。」這樣兒，他們又一塊喝酒，一塊兒打魚，跟從前一樣高興。

　　過了幾天，王六郎又來跟老許說再見。老許以為他又找着替他作鬼的人了。王六郎說：「這回不是了。因為上回我作的那件好事，天上的神現在派我作思遠縣的城隍[1]。明天就要走了。要是你還想着我，請你不要怕路遠，到那兒去看看我。」老許聽了這話很高興的說：「你有這麼好的心，將來作了神仙對人一定很好。可是人跟神仙不一樣。就是[2]我不怕路遠到那兒去看你也看不見呢。」王六郎說：「你不用管了，你就來吧。」

1. chénghwáng   the god of the city
2. jyòushr   even if

他們又說了很多話，王六郎就走了。

老許回了家就收拾行李預備去看王六郎。他的太太笑他說：「這兒離思遠縣有幾百里路，就是你能找到那兒，你也不能跟一個神說話。你去作甚麼呢？」

老許不聽他太太的話，就到思遠縣去了。他走了好幾天才到。到了以後，就找了一個小旅館，問旅館裏的主人城隍廟在甚麼地方。主人很奇怪的問他說：「客人，你是不是姓許？」老許也覺得很奇怪的說：「是啊！可是你怎麼知道的呢？」主人也不回答他就跑出去了。

過了一會兒全城的人都來了，站在他的屋子外頭看他，跟他說話。因為說話的人很多，很熱鬧。老許

1. a! a final particle expressing exclamation

聽不出來'他們說的是甚麼，所以更
不懂是怎麼回事。

　　有一個老先生告訴他說:「前幾天
本地²的人都夢見³城隍了。城隍告訴
大家說有一個姓許的好朋友就要來
了，叫大家送給他一點錢跟東西。
這兒的人已經等了好幾天了。」

　　老許也很奇怪，就到城隍廟裏去
跟城隍的神像⁴說·「從你離開以後，
我常常想你。今天我按着我們定的
約會來看你。你又叫本地人給我錢
跟東西，我真得謝謝你。可惜我沒
有甚麼東西送給你，只有一點兒酒。
要是你不覺得少，就請你喝了吧，
好像我們在河邊兒上一塊兒喝酒一
樣。過了一會兒，神像後頭起了一

1. tīngbuchulái can't make out by hearing
2. běndì local
3. mèngjyan to dream of
4. shénsyàng an idol

陣¹風。這陣風在老許身邊兒轉²了半
天才沒有了。

　那天晚上老許夢見王六郎來了。
他穿的很好，跟從前完全不一樣了。
他對老許說：「你這麼遠來看我，我
真高興極了。可是現在我因為作城
隍，所以不能跟你在一塊兒談話，
喝酒。我心裏也很難過。本地人送
你一點兒東西，也可以說是替我送
你的一點兒東西。你回去的時候，
我再來送你，跟你說再見。」

　老許在思遠縣住了幾天就想回家
了。本地的人想請他多住幾天。今
天這家請他喝酒，明天那家請他吃
飯。老許忙得了不得。這樣兒又過
了幾天。老許實在不能再住了，一
定要走。大家有的送他錢，有的送

1. jèn　a spell of (wind)
2. jwàn　to whirl around

他東西。全城裏的人都來送他。他們走到了城外頭的時候，忽然起了一陣風。這陣風跟着老許走了十幾里路。老許說：「六郎，你別再遠送了'。你請回去吧。」但是這陣風還是跟着他。他說了好幾次，這陣風才往回走。送他的那些人看見了，也覺得很奇怪。

　　老許帶了很多東西回家。家裏的情形比從前好多了。後來他就作買賣了，不打魚了。有時候有人從思遠縣來，都說那兒的城隍非常好。

1. byédzài ywǎnsùng le don't accompany(me) any further

八, 新 郎'

1. syīnláng bridegroom

有一位姓孫[2]的在山東省德州縣作
官的時候碰見[2]一個很奇怪的案子[3]。
有一個鄉下人的大兒子結婚。男男
女女[4]來了不少客人，看着他們結完
了婚，大家在屋子裏喝酒，吃飯，
非常熱鬧。一直喝到很晚。新郎出
來有事，忽然看見新娘[5]一個人穿着
新衣服[6]，走到房子後頭去了。新郎
有點兒疑心[7]，就在後頭跟着他。

房子後頭有一條很長的河，河上
頭有一個小橋[8]，新娘過了橋走了。
新郎更疑心了，就在後頭叫他。他
沒說甚麼話，可是用手叫新郎。新
郎只好追過去。看着好像就離新娘
一二尺那麼遠，可是就是追不上[9]。

1. Swūn a Chinese surname
2. pèngjyan to run into, to come across
3. àndz case
4. nánnánnyunyǔ men and mowen
5. syīnnyáng bride
6. yīfu clothes
7. yísyīn to suspect
8. chyáu bridge
9. jwēibushàng can't catch up

這樣走了有好幾里路，走到另外一個地方，新娘才停住[1]，回過頭來跟新郎說：「你們家太沒意思，我不習慣。請你暫時住在我們家吧。過幾天我跟你一塊兒回去。」說完了，他就用手打門，有一個十幾歲的女孩子出來開門，他先進去了。新郎沒法子，只好也跟着進去。進去一看，一位老先生，一位老太太是新娘的父母。老太太看見他們來了很高興，跟新郎說：「我女兒從來沒離開過我。今天忽然結了婚，到別人家裏去住。我心裏也很難過。現在你們回來很好，住些時候送你們回去。」就給他們預備床[2]預備屋子裏一切用的東西，他們就住下[3]了。

再說這邊兒吃喜酒[4]的朋友們發現

1. tíngju to stop, to cease
2. chwáng bed
3. jùsya to stay
4. syǐjyǒu wedding banquet

新郎不在,就都到新房¹裏去找。到新房一看只有新娘自己在那兒。問他新郎到那兒去了,他也不知道。大家覺得很奇怪。找也找不着,等也等不回來。真是着急。到各處去問,也問不着甚麼消息。新郎的父母急得哭,以為兒子一定是死了。

　　這樣過了四五個月,還沒有把新郎找回來,還是沒消息。新娘的父母就跟新郎父母商量要把女兒帶回去另外找人。新郎父母反對。他們說:「連我兒子穿的衣服都沒找着,怎麼知道他是死是活呢?就是真死了,等過了一年再另外找人也不晚呢,何必這麼忙呢?」新娘的父母覺得結婚那天就沒有新郎,為甚麼要再等一年呢。反正你覺得你有理.

1. syīnfáng　bride chamber

我覺得我有理。最後只好去找孫縣長。孫縣長同情新娘，叫新娘暫時回家，跟媽媽住三年。要是三年以後還沒有新郎的消息，那就隨新娘的便了。

　再說新郎住在那個女人家裏。全家人都對他不錯。有時候他跟太太商量應當回家去看看父母。太太說：「好，過幾天。好，過幾天。」老這麼說可是老不動身。不知不覺過了半年多了。他不放心家裏，想一個人回去。太太又留着他不讓他走。忽然有一天好像有甚麼可怕的事一樣，老太太拉着他送他到門口兒，跟他說：「本來打算兩三天裏送你們兩個人回去，沒想到，我們家忽然出了事情。沒法子，只好先送你一個人

I don't think it could happen, but our house has suddenly had something go amiss.

回去。」説着把他送出大門，老太太
自己就進去了。新郎覺得很奇怪。
剛要找路回家，一回頭，那兒有人
家？那兒有房子？只看見一個很高
很大的墳¹。他想他踫見鬼了，就立
刻往家裏跑，一直跑回家了。

　他父母看見他回來當然很高興，
問他到那兒去了。他把前前後後²的
事情都説了一次，又一塊兒到孫縣
長那兒去説是怎麼回事。孫縣長叫
人把新娘的父母找來。告訴他們新
郎回來了。請他們把新娘送到新郎
家去。這件案子才算完。

1. fén grave
2. chyánchyánghouhòu first and last; from beginning to

九　小偷兒[^1]

1. syǎutōur thief

城西邊兒白家莊有一個小偷兒,
偷了一位老先生的鴨子。他把鴨子
給吃了。鴨子味兒真好。買了四兩
酒,喝得真高興。那天夜裏作夢[2]也
夢見吃鴨子。吃着吃着,忽然覺得
身上到處都癢[3],癢得不得了。醒了
一看,身上長[4]了很多鴨毛,一蹬就
痛。他想這可怎麼辦?那個醫生看
過這種病呢?甚麼藥治鴨毛呢?別
人一定笑話我。我一定像個鴨子。
越疑心自己像鴨子越覺得應當到水
裏去洗個澡。因為怕人看見,這一
天也沒敢出門。

晚上作夢,夢見一個人來告訴他:
「你的病是神仙罰你的。一定得讓鴨
子的主人罵[5]你,你身上的鴨毛才能

1. jwāng village
2. dzwòmèng to dream
3. yǎng itchy
4. jǎng to grow
5. mà to scold

掉。找醫生沒用。」

　可是那位老先生向來不罵人。他的東西沒有了，他說是他不小心。有時候他想是別人拿去用用，用完了忘了還。東西本來是用的，誰用都可以。所以他從來不因為東西沒有了生氣。

　這個小偷等了幾天，身上的鴨毛沒掉。他知道老先生沒罵。他穿了一件又長又大的衣服去找老先生。老先生正在後園子裏看書。他跟老先生說：「您的鄰居[1]偷了您的鴨子，燒[2]了吃了，您知道嗎？」老先生說：「是嗎？我沒注意。」他說：「您罵罵他吧，下次他就不敢了。您得警告警告他。」老先生看了看他，沒說話。他又說：「養一隻鴨子真不容易。一

1. línjyu neighbour
2. shāu to cook

天到晚都得管。好不容易長大了，剛能吃就叫別人偷去了」老先生說：「你真跟八哥兒一樣會說話。一隻鴨子值得了多少錢？也不是金鴨子，也不是銀鴨子，吃了就吃了吧！」

小偷兒一聽，急得了不得。越急越覺得身上癢。最後，他沒法子，他說真話了。他說：「老先生，您罵吧！我請您罵，偷鴨子的不是別人，就是我」老先生說：「是你？你為甚麼要偷呢？既然偷了，為甚麼又叫我罵呢？罵你對我有甚麼好處？我罵人神仙會知道的」小偷兒急得說不出話來，他說：「正正⋯是因⋯因為神仙知道了，他罰我長了一身鴨毛。我夢見神仙告訴我非您罵我不可。您要是不罵，我這身鴨毛掉不

1. dzwèihòu at last, the very last
2. yìshēn whole body

了。您快作點好事吧！我又癢又痛。」

　老先生看見他再三¹請他罵，也覺得可笑，就笑了。誰聽見過罵人是作好事？他跟小偷兒說：「好，你聽着，我要罵了。」說着他就大聲兒的罵起來：「你這個懶東西，一天到晚不作事，除了吃，就是玩兒，要不然就去偷人家的東西。為甚麼不想法子替社會作一點兒事，作一個好公民。因為你，我得罵人，我警告你，你要是再作這種事，不但把你送到縣政府裏去關起來²，而且你怎麼請我罵，我也不罵了。還不快離開我！不要掉我一園子鴨毛！」小偷兒低着頭聽着。聽到最後一句，立刻就往外頭跑，剛跑到外頭，毛已經掉完了，也不痛也不癢了。

1. dzàisān　again and again
2. gwānchilai　to lock up(someone)

十. 王　大　生

陸押官

仙人猫自作
書備年少
偏陸撐立
従十載依劉
作五栞度將
阿鳴十無賬

　　湖南有一個姓李的，從前作過縣長。因為歲數大了，不作官了，就在家裏看看書，寫寫字，過着舒服的日子。他很有錢，也有很多用人。他的用人都叫他李大人[1]。

　　有一天有一個年青人到李大人家裏去請李大人收[2]他作一個用人。他說他也可以幫助李大人寫寫信，跟在書房裏作一點兒事情。他也不要工錢[3]。李大人看他像是一個念過書的人，問他叫甚麼名字，他說他叫王大生。李大人就用他了，叫他在書房裏作事。

　　這個王大生比別的用人都聰明。寫信寫得很好，作事也很快。從來沒作錯過甚麼事。主人叫他作甚麼事，他立刻就作好了，比主人希望

1. Dàren Sir(mandarin of rank)
2. shōu to keep
3. gūngchyan wage

他作的還好。所以主人很喜歡他。別的用人看見主人這麼喜歡他，想跟他開玩笑，都說要叫他請喝酒。王大生說：「好，我請你們喝酒。你們有多少人呢？」用人一聽見有人請喝酒，就都來了。一共來了三十多人。王大生說：「你們這麼多人，不能在家裏喝酒。我們到街上酒舘兒裏去喝酒去吧。」他就把這些用人都請到一個酒舘裏去了。

到了酒舘兒，剛坐下喝酒的時候，有一個用人說：「請大家等一會兒喝酒。我們得先問清楚，今天是誰請客。叫他先拿出錢來，大家再喝。要不然喝了好些酒，大家都走了，誰給錢呢？」大家聽了這話，就都看着王大生。王大生笑看說：「你們以

為我沒有錢嗎？」他就到後頭拿了一
點兒濕麵²放在棹子上，用手一指³，
這些濕麵就都變成⁴銀子了。棹子上
有很多銀子。王大生看着那些人說：
「這點兒錢夠不夠我們喝酒用呢？」大
家都覺得很奇怪，以為王大生是一
個了不得的人。王大生說：「大家隨
便吃喝吧，別客氣。」他們就大吃大
喝起來了。吃完了一算，一共是三
兩多銀子。拿那些錢來看，不多不
少，正是那麼多錢。

　　用人就把這奇怪的事告訴主人了。
主人找王大生來問他。他說：「他們
一定要我請客，可是我身上沒帶着
錢。我小的時候學過一點兒小本事，
所以我就試了一試。」
　　有一天李大人的一個朋友請李大

1. shŕ   wet
2. myàn   flour, dough
3. jř   to point at
4. byànchéng   to change into

人到他家去吃飯。在他的書房裏放着一盆開'得很好的蘭花²。李大人心裏很喜歡這盆花。回家以後還說那盆花好看。可是那種蘭花在外頭買不着。王大生說:「這種花有甚麼難得³?」李大人不信他的話。可是第二天早上到書房裏去的時候,很遠就聞⁴見花的香味兒了。到了屋子裏一看,真是有一盆蘭花放在那兒。花的樣子跟顏色都跟他朋友家的那盆完全一樣。他想一定是王大生偷來的。找他來一問,他說:「這樣兒的蘭花我家裏有幾十盆,我拿了一盆來送給您。」李大人有一點兒不信。

　那個時候請客的那位朋友來了。他一看見那盆蘭花也覺得很奇怪,說:「這盆怎麼跟我家的那盆一樣呢?」

1. kāi to bloom
2. lánhwā orchids
3. nándé hard to get
4. wén to smell

李大人覺得有一點兒不好意思，就
說：「這是我剛才買着的。也不知道
賣的人是從甚麼地方來的。你出來
的時候，你家的蘭花還在書房裏呢
吧！」那個朋友說：「我離開家的時候
没到書房裏去，所以我不知道我那
盆花還在那兒不在那兒。可是怎麼
會到這兒來了呢？」李大人看看王大
生。王大生說：「這盆花是不是府上
的很容易知道。您府上的花盆是淺
綠的。請您看看這個盆是深綠的。」
那個朋友一想，不錯，他家的那個
花盆是淺綠的。大家才信他的話。
　　那天晚上王大生對主人說：「我上
午說我家有很多花，大人不信，今
天晚上我想請大人到我家去看看，
可是這裏別的人都不能去。」李大人

說:「好!」

　李大人跟王大生從家裏一出來就
看見四個馬拉着一個車在門口兒等
着。李大人坐在車上就覺得車走得
快極了,好像飛一樣,一會兒就到
了一個大山裏。在山上有一個山洞',
他們就進了這個山洞。走到裏頭一
看,好像又有一個世界。有很多好
看的花兒。有的李大人看見過,有
的李大人沒看見過。可是味兒都香
極了。有幾十盆蘭花都特別好看。
李大人看了半天才看完,看得高興
極了。後來就又坐着車回家了。

　王大生跟以前一樣還是在李大人
家作事。一直到李大人死了,他才
離開李家。誰也不知道他到甚麼地
方去了。沒有人知道他為甚麼到李

1. shāndùng cave

大人家來作事，也没人知道他為甚
麽一直都不要工錢。

十 一 閻 王

閻王
創血殷然漬錦茵小
邱有語浸生嗔而今
勉誦盆斯句莫把金
鍼更度人

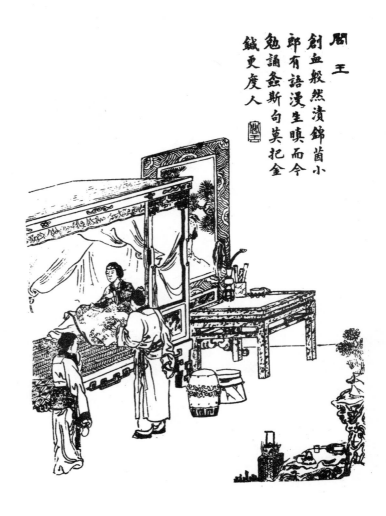

　　李久常在一個空場上喝酒，忽然
看見一陣大風在他前頭轉了半天。
他往地下倒了一碗酒，並且說：「風
啊！風啊！請你喝一碗吧。我知道
你的嘴乾了，是不是？」
　　後來李久常有事要到別的地方去。
經過一個地方，路左邊兒有一個大
房子。又有殿¹，又有樓，非常講究²。
房子裏頭出來一個穿青衣服的人請
李久常進去，久常不進去。穿青衣
服的那個人一定請他進去。久常說：
「你請錯了人了吧：我不認識這家人。」
那個人問：「您是李久常李先生對不
對？」久常說：「你怎麼知道我的姓名？
你主人貴姓？」那個人回答說：「您進
去，您就明白了。您請進吧：」久常
只好進去。

1. dyàn. temple, palace
2. jyǎngjyou　particular about

剛進了第一個門看見一個女人的
兩隻手跟兩隻腿都在一個門上釘[1]着
呢。走近了，再一看，那個女人是
他嫂子[2]。他嚇得了不得。

　　李久常有一個嫂子正在有病。那
個醫生都治不好。甚麽藥都不靈。
在床上躺了一年多了。久常不知道
他嫂子怎麽會在這兒。疑心這個地
方不是好地方，心裏怕，就不敢往
裏走。穿青衣服的人很着急，跟他
說:「我主人在裏頭等着你呢!」

　　久常没法子，到了裏頭。殿上坐
着一個人，穿得好像是國王[3]，很利
害的樣子。久常嚇得只磕頭[4]，不敢
說話，也不敢抬頭。國王叫人把久
常拉起來。並且很客氣的跟他說:
「不要怕，我從前喝過你的酒，我總

1. dīng　to nail
2. sǎudz　an elder brother's wife
3. gwówǎng　king
4. kētóu　to kotow

是想見見你，謝謝你。我沒有壞意。[1]
李久常聽說他沒有壞意，就放心得
多了，可是還不懂是甚麼原故。國
王又說：「你忘了嗎？那年在空場上，
我聞見你的酒香，你請我喝了一碗。
你不記得嗎？」

　　李久常忽然想起那陣風，才知道
這位國王是神仙。剛才看見他嫂子
在那兒吃苦[2]。這位神仙不是閻王是
誰呢？久常求[3]閻王說：「那邊兒門上
釘着的那個女人是我嫂子。您能不
能原諒[4]他呢？」閻王說：「那個女人壞
得利害。應當那樣兒罰他。三年前，
你哥哥的二太太生孩子，腸子[5]出來
了。她幫忙的時候在二太太腸子上
偷偷兒的扎[6]了一個短針[7]。那女人不

1. hwàiyì bad intention
2. chīkǔ to suffer
3. chyóu to beg
4. ywánlyang to forgive
5. chángdz the intestine
6. jā to stick
7. jēn needle, pin

是常肚子[1]痛嗎？你想有那麼壞的人
沒有？」久常再三求閻王，閻王說：
「好，因為你，我原諒他。可是你一
定得好好兒的勸勸他。」久常又磕了
一個頭，謝了又謝。等他出來的時
候再看那個門上已經沒有人了。

　他回去看他嫂子。嫂子正在床上
躺着。心裏大概不舒服，臉上很不
高興的在那兒罵人。久常走過去說：
「嫂子，不休息休息嗎？少罵人病就
好得快了。」他嫂子一聽非常生氣的
說：「你是好人，你沒病過，你回去
管你太太去，不必替你哥哥管我。」
久常笑着說：「嫂子，別生氣，要是我
把那件事說出來，恐怕你連哭都沒
有時候哭。」嫂子說：「我沒打過人，
也沒傷過人，我哭甚麼？」久常小聲

1. dùdz stomach, belly

兒的説：「真没傷過人嗎？你用針扎
人的腸子應當怎麼罰你呢？」

　他嫂子聽見這幾句話，嚇得臉上
立刻變了顏色。問久常怎麼會知道。
久常就把路上蹅見閻王，看見嫂子
在那兒怎麼吃苦，久常怎麼求閻王，
閻王怎麼説；前前後後的事説了一
次。他嫂子真是嚇得哭起來。他説
以後再也不敢了。還没哭完呢，病
已經好了一半。十天就完全好了。
再也不敢對二太太不好。

　後來二太太又生孩子，腸子又出
來了。嫂子又去幫忙，一看那個針
還在那兒。嫂子就給拿下來扔'了。
二太太肚子痛的病也好了。

1. rēng to throw away

十二 賣 布 的

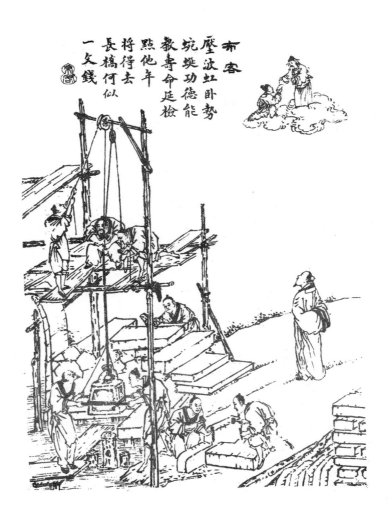

布客

壓波虹臥勢
蜿蜒功德能
敎壽命延檢
點他年
將得去
長橋何似
一文錢

山東省長清縣有一個賣布的。有
一次他在泰安縣[1]賣布，聽說那兒有
一個算命的[2]算[3]得很靈，他就去找他
給算算將來。算命的問他是那年那
月那天甚麼時候生的。問完了就用
手給他算了半天，跟他說：「不好！
我算着您今年的運氣很不好。您最
好回家預備預備。」賣布的一聽「回家
預備預備」他就懂了。那麼不能不計
劃回家。想法子把布都賣出去了，
把賬算清楚就帶着行李動身回長清
縣。

在半路上，他踫見一個穿短衣服
的人，看着好像是公差[4]。人很好。
可是他老不記得吃飯，也許他沒錢，
有人請他他就吃。那個人一路上吃
的喝的都是賣布的給錢。那個人很

1. **Tàiānsyàn** name of Chinese county
2. swànmìngde fortune teller
3. swàn to tell(one's fortune)
4. gūngchāi official servant, clerk

感謝賣布的。後來談到各人的事情，那個人說他到長清縣去拿人[1]。問他拿甚麼人，他就把人名單子拿出來叫賣布的自己看。

　　這個賣布的一看，嚇得說不出話來。第一個名子就是他自己。他說：「我從來沒作過壞事，為甚麼要拿我？」那個人說：「對不起，我說出來你可別害怕[2]，我不是人，我是鬼。我是高里山城隍廟裏派出來找你們的。既然你的名子在單子上，一定是你的壽命[3]完了。」

　　賣布的一聽，急得了不得，就請鬼想法子救他。鬼說：「不能！這是公事[4]。朋友是朋友，公事是公事。不過單子上的名子很多，我可以先去找別人。我需要一些時候才能把

1. ná rén to arrest someone
2. hàipà afraid,
3. shòuming a person's allotted span(life)
4. gūngshr offcial business

大家找全了。找全了別人，我再來
找你。現在你可以回家預備預備。」
賣布的忽然想起算命的給他算的命，
也是這麼説的，心裏真是難過，可
是難過有甚麼用？

　走着走着忽然聽見前頭熱鬧極了，
抬頭一看，遠處有很多男男女女都
站在河邊兒上説話。到底¹怎麼回事
呢？原來前頭有一條大河，因為水
太深，流²得也非常快，過河非常危
險。沒有橋簡直的過不去，大家都
在那兒出主意，誰也沒有甚麼好主
意。這個鬼就跟賣布的説：「我有一
個主意，不知道你同意不同意。你
是要死的人了。死了一分錢也帶不
去，不如拿出錢來造³橋，作一件好
事，對大家都方便。雖然得用你很

1. dàudǐ　after all
2. lyóu　to flow
3. dzàu　to build

多錢，可是對你自己也不一定沒好處。

賣布的心裏想，錢實在沒有甚麼可愛[1]。因為錢把太太孩子都放在家裏不管，到外頭去作買賣，忙得有時候沒工夫吃飯。希望能賺點兒錢到老的時候用。現在人還沒老，壽命已經沒了，要錢作甚麼？死了一分錢也帶不去。拿出錢來造橋倒是一個好主意。不反對。

到家以後，除了告訴太太給他作一切死以後用的東西以外，真找人來計劃造橋。過了很久，橋快造好了，鬼也不來。他心想鬼作事可比人慢得多。橋都快造完了，怎麼他要找的人還沒找全呢？要不然他就是把我忘了。這是公事能忘了嗎？

1. kěài lovable

　　有一天鬼忽然來了跟他說：「你奇
怪我怎麼來得這麼晚吧！我把你造
橋的事告訴了城隍，城隍又告訴了
閻王。閻王說造一個橋可以救很多
人。就是這一件事，就可以加你的
壽命。單子上己經沒有你的名子了。
你好好兒的活下去吧！」賣布的真沒
想到。

　　後來他有事到泰安，就買了些酒
菜到城隍廟去謝那個鬼。等了半天，
鬼不出來。他剛要走，鬼出來了跟
他說：「剛才你叫我，差一點兒讓城
隍聽見。我不能隨便見你。你以後
別來了，要是我有機會我去看你。」
他就回去了。

十二. 老虎'

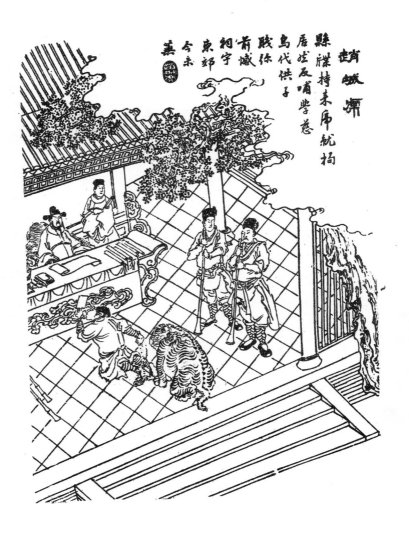

1. lǎohǔ tiger

趙城有一個老太太，差不多七十多歲了。他就有一個兒子。他們家裏很窮。

有一天，老太太的兒子到山裏去，讓一個老虎吃了。老太太很難過。他想就是這麼一個兒子，現在讓老虎吃了，以後的日子怎麼過呢？他越想越難過，就大哭起來了。他哭着到縣長那兒，請縣長罰那個老虎。縣長說：「老虎不是人怎麼能罰他呢?」

老太太哭得更利害了，縣長叫他別哭他還哭。縣長沒法子，又覺得他很老，就跟他說想法子派一個人去找那個老虎來罰他。可是老太太還不走，他一定要請縣長立刻就派人去找那個老虎。縣長沒法子，就問他旁邊兒的人誰能去找。有一個

1. pángbyār side

姓李的叫李能。他那天喝了很多酒，
有一點兒醉了。他聽見縣長問誰能
去找那個老虎，他就說：「我能找着
那個老虎。」縣長就叫他去找老虎。
老太太看見有人去找了，才回家去
了。

　　過了一會兒李能的酒醒¹了，想想
剛才作的事，真是可笑，自己怎麼
能去找那個老虎呢？就是找着那個
老虎，老虎也不一定跟他來。他想
他真不應當作這件事。所以他就到
縣長那兒　跟縣長說：「我剛才說我
能去找老虎，可是我現在想我不能
去了　並且那個老太太已經回家了，
不找那個老虎也沒關係。」縣長一聽
他說的話，就非常生氣，說：「你剛
才說你能去，現在一定也可以。不

1. jyǒusyǐngle   to become sober

去不行。我給你十天的工夫，你得
在這十天裏找着那個老虎。要是找
不着我就得罰你。」

　李能沒法子，就帶了幾個人一塊
兒到山裏去，希望能找着一個老虎，
他的事情就辦完了。可是等了十天，
也沒看見一個老虎。回來縣官就罰
他，打他，叫他再去找。又過了一
個月，他還沒找着。縣長又罰他，
打他。他實在沒法子了，就到東邊
兒城外頭的城隍廟去，跪下哭着求
城隍幫他的忙。正哭着，一個老虎
走進廟來了。李能看見老虎，心裏
很害怕。他怕老虎把他吃了。可是
老虎一進來就坐下了，也不看別的
東西，好像不是要吃他的樣子。李
能就跟老虎說：「老虎啊，要是你把

1. gwèisya　　to kneel down

老太太的兒子吃了，就讓我用繩子[1]
把你捆[2]起來。」他說着　就拿出繩子
來捆住老虎，把他帶到縣長那兒去
了。

　縣長看見李能把老虎帶來了，就
問老虎說：「是不是你把老太太的兒
子吃了？」老虎點了點頭[3]，縣長又說：
「按規定，誰殺[4]了人都得死，當然你
也得死。可是那個老太太已經七十
多歲了，就有一個兒子，讓你給吃
了。他以後怎麼過日子呢？你要是
願意作他的兒子，我就可以饒[5]你。」
老虎又點了點頭。縣長就把他放[6]了。

　老太太聽說縣長把老虎放了，心
裏很不痛快[7]。他想縣長為甚麼不罰
那個老虎？為甚麼不把他殺了？

1. shéngdz   rope
2. kwǔn   to tie up
3. dyǎntóu   to nod the head
4. shā   to kill
5. ráu   to spare
6. fàng   to release
7. tùngkwai   happy

　　第二天早上起來開開門一看，門外頭有一個死鹿[1]。老太太就把鹿肉跟鹿皮賣了，買了很多吃的東西。從那天起，老虎常常送來很多東西。有的時候還送來很多錢跟值錢的東西。所以老太太有很多錢了。過的日子也比他兒子活着的時候還好。老虎來了，就睡在老太太屋子外頭，有時候就在那兒睡一天。老太太對他也跟對自己兒子一樣。這樣又過了好幾年。老太太死了，老虎在屋子裏大叫，好像哭一樣。

　　老太太有很多錢，所以死了以後，他的朋友就用老太太自己的錢把他埋[2]了。剛把墳作好了的時候，忽然一個老虎跑來了，大家嚇得都跑了。老虎在墳前頭大叫了半天才走。

1. lù　deer
2. mái　to bury

十四、封都縣

1. <u>Fēngdūsyàn</u>   name of a Chinese county

封都縣外頭有一個山洞，非常深。
據說那是閻王殿，是神仙們辦事的
地方。洞裏頭用的東西，都是外頭
人作的。要是壞了他們就扔出來，
封都縣的官就買一個新的放在洞口，
第二天就沒有了。

明朝[1]有一位姓華[2]的，是一個大官，
他經過封都縣聽說這件事，他不太
信，他想到洞裏去看看，到底是怎
麼回事。別人勸他別去，他不聽。

他帶着兩個公差，拿着油燈到洞
裏去參觀，洞深得很，走了有一里
多路，忽然兩個公差手裏的燈同時[3]
都滅[4]了。可是奇怪，沒有燈看得更
清楚。那兒是一個很大的院子[5]。院
子裏有十幾間大殿。每間殿上都有
一個坐位，每個坐位上都坐着一位

1. Míngcháu Ming Dynasty   5. ywàndz yard
2. Hwá a Chinese surname
3. túngshŕ at the same time
4. myè to be put out, gone out

神，只有最東邊兒那間殿上的坐位空着呢。他還沒看清楚那些神，那些神已經看見他了，都站起來歡迎，笑着問他：「您來了？這些日子您身體好吧？」他問：「這兒是那兒？」他們說：「這兒是閻王殿。」他一聽就想出去，可是嚇得抬不起腿來。

有一個神指着那個空坐位說：「那是您的坐位，怎麽要走呢？我們都在這兒等着您呢。」他更害怕了。請他們原諒他。那個神說：「事情都是有一定的，怎麽能隨便？」說着就拿出一本書來給他看。書上寫着那年那月那天他自己會走進來。他看見這書上寫得清清楚楚，嚇得他身上一陣一陣的發冷，好像洗了一個涼水澡一樣。他想着他母親歲數大了，

兒子還小。將來他們靠誰呢？誰管
他們呢？他心裏難過，臉上不知不
覺的就掉下眼淚來了。

　　正在這個時候，忽然進來一個金
衣神，手裏拿着一封黃顏色的信。
大家都跪下聽金衣神念那封信。金
衣神大聲把那封信念完了就走了。
大家起來跟他說：「好了，您不必難
過了，您可以暫時回家了。」原來那
封信是從天上來的，告訴地府裏的
神今年有很多神鬼都可以放出去。
因為這位姓華的很孝順他母親，這
些神同情他，就把他也放了。告訴
他從那邊兒可以出去，他謝了謝回
頭就走。

　　剛走了不遠，忽然黑了，看不見
路。他正在着急，前頭來了一條光，

1. kàu　to depend on
2. yǎnlèi　tears
3. dìfǔ　hades
4. syàushwun　filial, care for parents

走過來一個又高又大的紅臉神。他
立刻求紅臉神帶他出去。神說念[1]佛
經[2]就可以出去。他想了想，很多佛
經他都不記得了，只有金剛經[3]也許
可以試試。那麼只好一邊兒慢慢兒
走一邊兒念金剛經。果然有一線光
明[4]。有的地方他忘了，忘了的地方
就是黑的。想起來一念就又看見了。
好不容易才走出洞口。再找他那兩
個公差，怎麼也找不着了。

1. nyàn to chant
2. fwójīng Buddhist scriptures
3. Jīngāngjīng The Diamond Sutra
4. yīsyàn gwāngmíng a thread of hope, a ray of light

十五. 小蘇

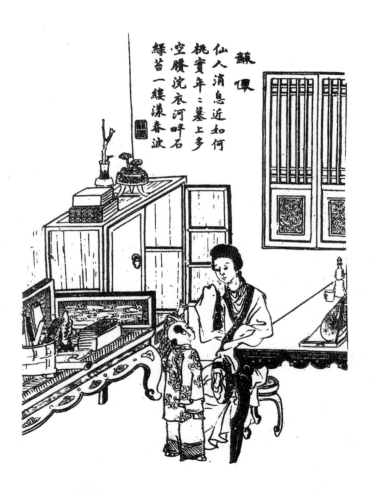

蘇偁

仙人消息近如何

桃實年三墓上多

空賸浣衣河畔石

綠苔一縷漾春波

　　高明圖作縣長的時候，他那縣裏
有一家姓蘇的，這蘇家就有母親女
兒兩個人，他們家沒有甚麼錢，生
活得很簡單。

　　女兒小蘇常在河邊兒上洗衣服，
河裏有一塊大石頭，離河邊兒不遠，
小蘇一跳就跳上去了。他生在大石
頭上洗衣服特別有意思。後來他總
是到這塊大石頭上來。

　　有一次小蘇又坐在這塊大石頭上，
有一條很綠很可愛的水草就在他坐
的那塊大石頭外邊兒轉了三次。小
蘇心裏一動。忽然覺得自己有一點
兒特別，就立刻站起來回家了。從
那時候起，他老忘不了那條很綠很
可愛的水草。他老覺得他自己有一
點兒特別。他想也許他有病，可是

1. tsúng...chǐ　since...

也吃得下也睡得着，說不出來是甚
麼病。後來他母親也看出來他穿的
衣服好像越來越小，就問他是怎麼
回事。他就把水草的事情告訴他母
親了。他母親更想不出是甚麼原故，
只知道女兒好像是有了孩子了。

　　過了幾個月，女兒真生了一個孩
子，是個男孩子。他母親着急得了
不得。這怎麼辦呢？要是鄰居們知
道多麼不好意思！没結婚的女兒怎
麼能有孩子？把孩子扔了吧！可是
女兒小蘇不同意，看着孩子兩隻大
眼睛，小嘴，身上的顏色好像有點
兒綠，他想起那條可愛的水草來，
他跟他母親說：「這是我的兒子，我
不能離開他。我決定不結婚了。別
人也管不着我。」他雖然這麼說，可

1. yǎnjing eyes

是自己還是覺得不好意思。所以總
是把孩子放在櫃子[1]裏。家裏有客人
的時候，從來沒叫孩子見過客。

　　日子過得很快，孩子已經七歲了。
有時候站在窗户那兒往外頭看看，
他媽媽又怕鄰居們看見他。有一天
孩子跟媽媽說：「我一天比一天高，
老在櫃子裏，我怎麼長[2]呢？我走吧！
我走了，您可以舒服一點兒。」他母
親摸着他的頭，問他到那兒去。他
說：「我本來不是平常人，我能在天
上，也能在山上。」問他甚麼時候回
來，他說：「等媽媽上天的時候我才
能來。我走以後，要是您需要甚麼
東西就去開我住的那個櫃子，就有
了。」說完話給媽媽磕了一個頭，開
開門就走了。他母親哭着追到門外

1. gwèidz chest

頭，已經看不見他了。

小蘇回來告訴他母親孩子走了。
他母親也覺得很奇怪，問小蘇將來
怎麼樣。小蘇還是決定不結婚。母
女兩個人跟從前一樣很安靜的過着
苦日子，可是越過越窮。有時候窮
得連早飯都沒有東西吃。實在沒法
子。忽然想起他兒子說的話來，去
開他住的櫃子，果然櫃子裏有雞蛋，
有肉，有麵。想吃甚麼就有甚麼。
這櫃子真好，簡直是一個寶貝。後
來需要甚麼都從櫃子裏拿。這樣過
了三年，母親有病死了。小蘇給母
親辦完了事，自己一個人又住了三
十年。

有一天鄰居過來跟他借火。他一
個人好好兒的在床上坐着，鄰居跟

1. bǎubèi   treasure

他説了一會兒話，拿着火走了。十
分鐘以後，看見天上有很多紅紅綠
綠[1]的雲彩[2]就在蘇家的房子上轉。有
一個女人穿得非常好看站在雲彩上。
再一看那女人就是小蘇。雲彩越轉
越高，高得再也看不見了。

　　大家都看見小蘇上天，奇怪得了
不得。立刻到他屋子裏去看。看見
小蘇還是跟剛才一樣好好兒的在床
上坐着呢，可是已經不説話了。

　　鄰居們知道没有人管他，都很熱
心的商量着幫忙。這時候門外進來
一個青年問大家好。感謝大家幫忙。
大家向來知道小蘇有個兒子。想着
這大概是他。這青年把母親的事情
辦完，在母親墳前頭種[3]了兩個桃[4]樹，
又謝了謝大家才走。走了不到半條

1. húnghunglyùlyù   all kinds of color
2. yúntsai clouds
3. jùng to plant
4. táu(r) peach

街，就發現他腳¹底下也有很多有顏
色的雲彩，也往上轉，也上了天了。
大家想他們母子是神呢？是仙²呢？

　那兩個桃樹一到春天就開花兒，
開得非常多，也非常香。秋天結³很多
又好看又好吃的桃兒。那個桃兒本
地的人叫仙桃兒。那兩個樹本地的
人叫蘇仙桃樹。

1. jyǎu   foot
2. syān   a fairy
3. jyē   to bear

十 六 信 佛′

满地兴戈
怅别雖終
朝暗呢誦風诗夫妻
同感慈悲力新婦
欢迎阿母時
菱
角

1. syìnfwó to believe in Buddhism

胡大成是湖南人。他母親信佛，告訴大成去念書的時候，路上經過觀音廟得進去磕個頭。

有一天他到廟裏去磕頭，看見一個十幾歲的女孩子帶着一個小孩兒在那兒玩兒。那個女孩子的頭髮又長又黑，兩隻大眼睛非常美。那個時候大成才十四歲　可是他很喜歡這個女孩子　就問他姓甚麼叫甚麼。女孩子就說他是廟西邊兒焦畫家的女兒名子叫菱角。他問大成為甚麼這麼問他。大成說：「我想知道你訂婚了沒有。」菱角說：「沒有。」大成說：「你嫁給我好不好？」女孩子不好意思的說：「我不能作主。」可是兩隻大眼

1. Hú a Chinese surname
2. Gwānyīn The Goddness of Mercy
3. tóufa hair
4. Jyāu a Chinese surname
5. hwàjyā artist
6. Língjyau a first name
7. dìnghwūn to engage
8. jyà to marry (a man)
9. dzwòjǔ to make a decision

睛上下的看大成，看了又看，好像
很同意。大成走的時候，菱角又追
出去跟他說:「崔而成[1]是我父親的好
朋友。請他作媒[2]大概沒有不成的。」
大成一邊兒答應着，一邊兒心裏想
菱角不但聰明而且多情[3]，就更喜歡
他了。

　　大成回家告訴他母親。他母親立
刻就找崔而成去作媒。焦畫家先不
太願意，可是後來答應了。

　　大成有一個伯父[4]，歲數很大了，
没有兒子，帶着太太在湖北省作事。
太太有病死了。大成的母親派大成
去幫着辦事。大成去了幾個月剛要
回來，他伯父又死了。大成没法子
就在那邊兒住了很久。後來湖南省
打起仗[5]來了。湖北也很亂[6]。大成得

1. __Érchéng__   a first name
2. dzwòméi   to act as a marriage
      go-between
3. dwōchíng   sentimental
4. bwófù   father's elder brother
5. dǎjàng to fight a
6. lwàn   chaotic

不着[1]家裏的消息，也回不去，就跑
到鄉下去了。

　有一天鄉下來了一個五十歲的老
太太，他說是因為打仗回不去家跑
出來的。他得把他自己賣給人家。
別人問他賣多少錢。她說．「我不願
意作人家的用人，也不願意作人家
的太太。要是有人要我作他的母親，
我就跟他去，不必談錢。」聽的人都
覺得可笑。胡大成聽說這件事也去
看熱鬧。真奇怪，這位老太太有點
兒像他母親。他想起他母親沒有消
息．又想起自己一個人在外頭，沒
有人管，也很苦。心裏很難過。他
就把老太太接到家裏去作他母親。
這老太太很高興　給大成作飯，洗
衣服甚麼的。要是大成不聽他的話，

1. débujáu　unable to obtain

他就生氣罵大成。可是要是大成有
點兒發燒，或是咳嗽甚麼的，他就
忙着給大成找醫生，買藥。真是像
他自己的兒子一樣那麼愛他。兩個
人過日子過得很好。

　　有一天他忽然跟大成說：「這個地
方很平安，沒有甚麼不放心的事情。
你已經大了，應當結婚了。過兩天
給你娶個太太。」大成說：「我小時候
訂過婚，可是跟我訂過婚的那位小
姐現在在南邊兒，我在北邊兒。兩
個人不在一塊兒就是了。」老太太說：
「打仗的時候甚麼都亂，誰管你訂婚
不訂婚呢？何必老等着。」大成流着
眼淚說：「訂過婚的人當然不能再娶
別人。就是再娶別人，我這麼窮，
也沒有人願意嫁給我。」老太太也不

1. chyǔ to marry(a girl)

理他，低着頭給他作新房裏一切用
的東西，作了很多。甚麼都作好了，
也不知道是那兒來的那麼多錢。
　　又有一天，天快黑了。老太太告
訴大成：「你坐着，別睡覺，我去看
看新娘來了沒有。」說完就出門了。
半夜十二點鐘老太太還不回來。大
成有點兒不放心。一會兒他聽見大
門外頭有人說話。他走出去一看，
院子裏坐着一個女的。那個女的頭
髮很亂，看不清楚是誰，在那哭呢。
大成問他是誰，他也不說。半天他
才說：「娶我來也沒甚麼好處。我只
預備死。」大成很害怕，不知道是怎
麼回事。那個女的說：「我已經跟胡
大成訂婚了，沒想到他到湖北去，
一去就沒消息。我父母把我嫁給你

們家。我雖然來了，可是我不會答應的。」大成一聽也哭了。他說：「我就是胡大成，你是菱角嗎？」女的帶着眼淚，看了看他，不信。兩個人到屋子裏去在燈光底下一看，果然是胡大成跟焦菱角。他們不但不再哭而且都高興的疑心是作夢呢。

到底是怎麼回事呢？原來是因為打仗，那兒都亂。焦家全家跑到另外一個地方，跟胡家不通消息，所以把女兒訂給另外一家。有一天兩家商量好了，晚上把菱角送過去。菱角哭得很利害，不洗臉也不換衣服。家裏人就把他推上車，車就走了。菱角在車上又哭又鬧。在半路上他從車上掉下來。正好前頭來了幾個人，說是新郎派車來接，就把

他放在那個車上。車又走了。走得
非常快，一直到大成門口兒才停下
來。一個老太太跟菱角說:「這就是
你的家，你進去吧。別哭了。」老太
太又說:「你婆婆[1]也快到了。」他說完
就走了。大成聽完才知道那位老太
太原來是神仙。他們立刻向天上磕
頭道謝[2]，也希望早點見着他母親。

　　再說大成的母親也是因為打仗，
跟別人一塊兒跑到山裏頭去。有一
天有一個老太太說:「賊來了。」這些
人就到處亂跑。有一個男孩子拉着
一個馬叫大成的母親騎。大成的母
親也沒工夫問是誰的馬就騎上了。
馬跑得跟飛一樣快，一會兒就跑到
湖邊兒下了湖了。馬在湖上走跟在
陸地上走一樣。湖水也不動，馬腿

1. pwópwo   husband's mother
2. dàusyè   to express one's thanks

也没濕。過了湖，一會兒就到大成
家了。那個男孩子手指着大成的大
門跟大成的母親說：「這個地方可以
住。」

　大成的母親下了馬，剛要向男孩
子道謝，看見他剛騎的馬忽然變成
金毛的了，有十幾尺那麼高。那個
男孩子騎着那個馬走了。他母親只
好叫門。門一開有人出來問，聲音
聽着非常熟。一看是大成。母親看
見兒子大哭。菱角也出來歡迎。一
家人都很高興。他們疑心老太太是
觀音變的。他母親就更信佛了。天
天念觀音經。他們一家後來就住在
湖北了。

十七、喝酒的朋友

從前有一個人姓車。家裏沒甚麼
錢，可是很喜歡喝酒。每天晚上都
得喝。要是不喝就不能睡覺。所以
床上總有一瓶¹酒。

有一天晚上他睡醒了，覺得身邊
兒好像有一個人。他想也許是他自
己的衣服。用手一摸，是一個有毛
的東西，好像是一個貓²，可是比貓
大。點上³燈一看，是一個狐狸⁴，喝
得很醉，在那兒睡覺。再一看，瓶
子裏的酒已經沒有了。車先生就笑
了。他想：這狐狸真是我喝酒的朋
友。他不願意把狐狸叫醒⁵，就拿衣
服蓋在狐狸的身上，點着燈，看這
狐狸是不是能變。

到了半夜，狐狸醒了。車先生笑

1. píng bottle   5. jyàusyǐng to wake up
2. māu cat
3. dyǎnshang to light up
4. húli fox

着說:「你睡得好嗎?」把衣服拿起來一看,狐狸已經變成一個很漂亮[1]的年青人了,並且穿的衣服也很漂亮。

狐狸一看這個情形,知道剛才喝酒喝醉了,就立刻起來謝謝車先生沒有把他殺了。車先生說:「我平常最喜歡喝酒,可是別人都笑我。說我有一點精神病[2]。可是他們都不明白我。我想你一定明白我。我們可以作個喝酒的好朋友,並且你可以常常來,我們一塊兒喝酒。」

早上狐狸走了,車先生買了很多酒等着狐狸來。到了晚上,狐狸又來了。他們兩個喝酒喝得很痛快,也談得很痛快,都覺得認識得太晚了。狐狸說:「我常喝你的酒,我怎麼謝謝你呢?」車先生說:「喝這麼一

1. pyàulyang handsome
2. jīngshénbìng mental disease

點兒酒有甚麼關係，不值得謝謝。」
狐狸說：「你說的話雖然很對．但是
你沒有甚麼錢。買酒也得用錢。我
想一個法子給你找一點錢。」

　　第三天晚上狐狸來了，告訴車先
生說：「在東南邊兒，離這兒差不多
七里的路邊兒上，有人掉了一點兒
錢,你可以早點去拿。」

　　車先生聽了這話，等到早上就到
那兒去，一看，果然有錢。車先生
拿了錢．就到城裏買了點兒酒跟菜,
預備晚上喝。

　　到了晚上，狐狸來了，又告訴他
院子後頭地下有銀子，可以去找。
車先生按着他的話去一找，真又找
着很多銀子.車先生非常高興說：「現
在我們有錢喝酒了。」狐狸說：「這點

兒錢不算甚麼，不久就能用完了。
我還得給你想點兒別的法子。」

　過了幾天，狐狸跟車先生說：「現
在蕎麥'的價錢很便宜²。你可以買。」
車先生又按着他說的話買了四千斤³
蕎麥的種子⁴。大家聽見他買蕎麥的
種子，都笑話他。

　過了不久，忽然不下雨了。地下
很乾。別的種子都不長了，就是蕎
麥的種子可以長。車先生就把蕎麥
的種子賣了。賣了十倍的價錢。

　車先生有了錢，就買了二百畝⁵地。
後來種甚麼都出得很多。這都是按
着狐狸告訴他的法子作的。狐狸對
他很好。後來車先生死了，狐狸就
不再來了。

1. chyáumài buckwheat
2. pyányi inexpensive
3. jīn catty
4. jǔngdz seeds
5. mǔ   a Chinese land-measure
   (6.6 mǔ equal one acre)

十八 賣麵的

　　馬二混住在青州東門裏，是一個賣麵的。每天早上到麵舖裏去賣麵，賺一點兒錢養着他母親。母親兒子兩個人過着很苦的日子。

　　有一天他母親一個人在家，忽然來了一個女的。那個女的才十六七歲，穿着布衣服布鞋，可是非常乾淨。馬老太太很奇怪的問他從那兒來。來作甚麼。他說：「因為您兒子誠實，我願意嫁給他。」馬老太太更覺得奇怪了。這麼漂亮的人，跟仙女兒[1]一樣，要嫁我兒子，我兒子怎麼要得起呀[2]。她心裏這麼想，嘴裏就說：「你是天上的美人，說這樣兒的話我們真不敢當。」美人再三求他。他更疑心美人也許是作官人家的年青太太偷着跑出來的。這麼一想更

1. syānnyǔr fairy
2. ya a final particle

不能留他。美人就走了。

　過了三天美人又來了。他怎麼也
不願意走。馬老太太問他姓甚麼叫
甚麼。他說：「要是您要我，我就說；
要是您不要我，我何必說呢？」馬老
太太說：「像我們這麼窮的人家，要
是有你這麼美的太太，不但不合適，
而且也沒有甚麼好處。」美人坐在床
上只是笑，也不走。馬老太太說：「你
走吧，你再不走我們家大概要出事
了。」美人沒法子，只好出去。馬老太
太看見他往西邊兒去了，可是不知
道他家在那兒。

　又過了幾天，西門裏的白太太來
找馬老太太，跟馬老太太說：「我們
鄰居蕙芳²是個好孩子。他沒有父母，
一個人很可憐³。他願意嫁給你兒子，

1. chūshr̀ to have an accident
2. Hwèifāng a first name
3. kělyán pitiful

你為甚麼不要啊？」馬老太太告訴白
太太他疑心蕙芳是偷跑出來的，怕
對他們家不好。白太太說：「沒有這
麼回事。他是我鄰居，我知道得相
當清楚。」並且說：「我保險，要是有
錯兒，你可以找我。」馬老太太很高
興就答應了。

　白太太走了以後，馬老太太就收
拾屋子。他把二混的屋子收拾得非
常乾淨，預備等他兒子回來就告訴
他到西門裏去娶那個女的。誰知道
天剛黑蕙芳自己來了。一進門就給
馬老太太磕頭，叫媽媽。對媽媽說：
「我有兩個小丫頭在外頭，因為沒有
問您不敢叫他們進來。」媽媽說：「我
們母子每天賣麵，賺一點兒錢剛夠
吃飯的。現在加上你，多一個人吃

1. yātou   a slave girl

飯，我還怕不夠吃呢。再加兩個丫頭，你想我們都能喝風活着嗎？蕙芳笑着說：「媽，您別着急；丫頭來，不費您的事。他們都可以自己作。」馬老太太問他丫頭在那兒呢。蕙芳就叫：「秋月，秋松。」剛叫完，好像從天上飛下來兩個鳥兒，兩個丫頭已經站在那兒了。蕙芳叫他們見見老太太，給老太太磕頭。

　　後來二混回來了。老太太告訴他有這麽回事。二混很高興的去作新郎。一進屋子，看見屋子裏所有的東西都跟本來不一樣了。都是新的，又好又漂亮。他以為他走錯了屋子了。蕙芳在床上坐着，看見他進來就站起來歡迎他。他一看蕙芳的大眼睛又黑又亮；紅紅的小嘴，身上

1. <u>Chyōusūng</u>　a first name
2. húnghúngde　redish

穿着淺紅的布衣服，深紅的鞋，鞋
上有花，漂亮極了。二混從來沒看
見過這麼好看的美人。他嚇得想走
出來。美人拉着他叫他坐下。他不
知道作甚麼好，也不知道說甚麼好．
好不容易才想出一句話來。他說：
「我去買酒去。」美人說：「用不着自己
去。」就叫秋松秋月兩個丫頭預備酒
飯。秋月拿出一個皮口袋[1]來在門後
頭搖[2]了兩搖，就在皮口袋裏拿出很
多酒跟菜來，而且都是熱的。

　　喝完酒，吃完飯，再看床上的東
西也不是他母親給預備的，都是最
好的。又輕，又舒服，又漂亮。可
是第二天早上出門，回頭一看，還
是原來的舊房子。母子兩個人都覺
得非常奇怪。

1. kǒudai bag
2. yáu to shake

　　馬老太太到西門裏白太太家去問
問到底是怎麼回事。一進門先向白
太太道謝，謝謝他給他們介紹新娘。
可是白太太說:「你說甚麼呢？我很
久沒到你們那兒去了。誰給你介紹
新娘了？誰是新娘呀？」真奇怪，白
太太甚麼都不知道。馬老太太更疑
心了。他把前前後後的事情都說了
一回。白太太有點兒害怕，就跟馬
老太太一塊兒回來看新娘。新娘笑
着歡迎他，謝謝他給介紹，人長得
那麼可愛，說話的聲音那麼好聽。
白太太不知道說甚麼好。他只說:
「不敢當；不敢當。」新娘送給白太太
一樣東西，算是向他道謝。他拿回
家去一看，已經變成白金的了。
　　馬二混有了太太以後，他發了財

了。他們不再賣麵了。家裏甚麼都有。皮衣服非常多，二混隨便換着穿，只是一出門口兒就變成布的了，可是還是又輕又舒服。蕙芳自己穿的衣服也是這樣。

過了四五年，蕙芳忽然跟二混說：「我原來是天上的仙女兒，到這個世界上來已經二十年了，我得走了。你另外娶個太太吧。以後我會來看你。」他說完就走了。

後來馬二混又娶了一個太太。有一年七月七日¹，二混正跟新太太在屋子裏說話呢。忽然蕙芳進來了，笑着說：「新太太那麼好，忘了我了吧！」二混一看是蕙芳，高興得很，拉着他問長問短²。他說他有事經過這兒，所以到這兒來看看。他還是

1. rɪ̀ day of the month
2. wènchángwèndwǎn to ask all kinds of questions

那麼年青那麼多情。兩個人有很多
話要說。忽然聽見天上有人叫蕙芳。
蕙芳立刻站起來要走。二混問是誰。
蕙芳說是另外一個跟他一塊兒來的
仙女兒，大概不願意再等了。二混
送蕙芳出去。蕙芳回過頭來說：「你
可以活到八十歲。到時候我再來接
你。」

十九、考城隍

我姐夫¹的祖父²，宋³先生，是一個
念書的。有一天他病了，躺在床上，
看見一個公差，手裏拿着一張傳票⁴，
拉着一個頭上有白毛的馬，走過來
說請他去參加考試。宋先生說：「現
在考試的官還沒有來呢，叫我到甚
麼地方去考？」那個公差也不回答他，
就叫他快一點兒走。宋先生沒法子
只好起來騎上馬跟着公差走。

　他們走的路宋先生都不認識。走
到了一個城市裏，那個城市的樣子
好像是一個京城⁵。一會兒走進一個
官府⁶。官府的房子非常高大，非常
漂亮。屋子裏頭坐着好幾個官，都
不知道是甚麼人，只有一位是關公⁷

- jyěfu elder sister's husband
- dzǔfù grandfather
- Sùng a Chinese surname
- chwánpyàu a summons
- jīngchéng capital city

6. gwānfù the official re
sidence of a high ra
ing mandarian
7. Gwāngūng a Chinese he
during the period of
Three Kingdoms

是他認識的。

　窗戶底下預備了兩個桌子，兩個坐位。桌子上有筆跟紙甚麼的。已經有一個人坐在那兒了。宋先生就過去坐在那個人的旁邊兒。

　過了一會兒，官給了他們一張題目[1]紙。上面寫着：「一人二人，有心[2]無心[3]」八個字。他們兩個人一會兒就把文章[4]寫好了。送上去給那些官看。

　宋先生的文章裏有幾句說：「有心(有目的的)作好事的人，雖然作了好事，也不一定有好的結果。無心(不是故意[5]的)作壞事的人，雖然作了壞事也可以不罰他。」那些官看了都說他寫得非常好，就把宋先生叫上去，對他說：「河南需要一個城隍，要是

1. tímù   theme, subject
2. yǒusyīn intentionally
3. wúsyīn unintentionally
4. wénjāng essay

5. gùyì on purpose,

你去作那個城隍，一定很合適，你
一定可以作得很好。」

　　宋先生到這個時候才明白。原來
這個考試是要考考他能不能去作城
隍。他立刻就跪下去磕頭哭着說：
「謝謝你們看得起我，叫我去作城隍。
我不敢不聽你們的話，可是我的母
親今年七十歲了。家裏沒有人不行，
求你們放我回去，等我母親死了以
後，你們叫我作甚麼我就作甚麼。」

　　那時候，有一個官，好像是國王，
叫人查¹老太太的壽命。有一個長鬍
子²的公差，拿着一個本子³看了一會
兒就說：「宋老太太還可以活九年。」

　　大家聽了都沒法子了。關公說：
「不要緊，叫那個姓張的先替他去作
城隍，等到了九年以後，再叫他去。」

1. chá　to check
2. húdz　beard
3. běndz　record book

他又對宋先生說：「本來我們是要叫你去作城隍的，現在看你很孝順母親，我們給你九年的假，放你回去。九年以後還得叫你去作城隍。」他回頭又跟那個姓張的 —— 就是跟宋先生一塊兒考試的那個人 —— 說了幾句話。他們兩個人磕了頭就出來了。

那個姓張的拉着他的手送他走出城外說他自己是長山人。他走的時候送給宋先生一首[1]詩。詩裏頭有的句子宋先生已經忘了。就記得兩句：「有花有酒春常在，無[2]月無燈夜自明。」第一句的意思是說，有花看有酒喝，雖然不是春天也跟春天一樣。第二句的意思是說，雖然沒有月亮，雖然沒有燈光，要是你的心好不作壞事，雖然在夜裏也跟在白天一樣光

1. shǒu measure for poem
2. wú without, to have not

明¹。

　宋先生回到家裏，他忽然覺得像作夢剛醒了一樣，其實他已經死了三天了。他母親聽見棺材²裏有聲音，就把他從棺材²裏扶³出來了。過了半天他才能説話。叫人到長山去打聽⁴，果然有一個姓張的是三天以前死的。

　九年以後，宋老太太死了。宋先生把母親埋了。自己洗了一個澡，收拾了收拾，走進屋子裏也死了。

1. gwāngmíng bright
2. gwāntsai coffin
3. fú   to assist(by hand)
4. dǎting to make inquiries

二十、安期島[1]

安期島

安期島裏
放舟游浮見
儂人顧已酺一璈
瓊漿寒不咽笑
君儂福未曾修

1. <u>Dăn</u> Island

中國政府派劉中堂'帶着幾個人到
朝鮮²去見朝鮮國王，他也想到安期
島去參觀參觀。因為聽說安期島是
神仙住的地方，並且是一個風景極
美的地方。朝鮮國的大官小官都告
訴他安期島跟城市不通、不是隨便
誰都可以去的。只有一個小張一年
去兩三回。誰要到島上去，一定得
跟小張商量，要是他覺得你可以去，
他就開船帶你去。

　　過了兩天朝鮮國王叫他去見。他
到了宮裏跟國王談兩國的邊界問題
跟交通問題，談得很好。旁邊有一
個三十幾歲穿着深黃衣服，很有精
神，很漂亮的人。一介紹原來就是
小張。中堂就跟他商量能不能到安
期島去參觀參觀。小張說行，可是

1. Jūngtáng a grand secretary of former days
2. Cháusyǎn Korea

別人不能去。他出來又看了看天氣，
就叫人把船開過來，自己帶着他們
上了船離開了海口。

　　不知道走了多麼遠的水路，只覺
得有一陣風老推着他們這條船走。
又好像是在雲彩裏飛，不到一個鐘
頭就到了。

　　安期島上有一個山洞，小張帶着
中堂進了洞，看見三個老先生在洞
裏坐着。坐在東邊兒跟西邊的那兩
位看見有人進來，好像沒看見一樣，
不理。只有當中這位站起來歡迎客
人，小張給他們介紹，老先生說了
幾句客氣話，就叫人拿茶來。一個
十一二歲的男孩子，拿着一個茶碗
出去。在洞外頭石頭墻上有一個大
鐵針，他把大鐵針拿下來往一塊大

石頭上一扎，就扎了一個小洞，把
針拿出來，水就從洞口流出來了．
流滿一茶碗，把碗拿走，用鐵針把
洞口蓋上．就是把針留在洞那兒，水
就不流了。

　　孩子把茶拿進來給<u>中堂</u>喝。<u>中堂</u>
一看，是淺綠顏色，清極了．一定
是好茶。試了試，太涼了。他不習
慣喝涼茶，他不喝。老先生看了看
那個孩子，孩子把茶拿起來自己喝
了，又拿了一個乾淨碗．把他剛留
在洞口的那個針拿出來，又倒了一
碗茶來。但是這碗茶是熱的．喝下
去立刻覺得有精神，覺得年青多了。
他心裏想我剛才不喝那碗涼茶是對
的，這熱茶喝下去會這麼舒服，一
定有道理。可是為甚麼都是從一個

石頭裏出來的呢？這真是神仙世界。
再一想，神仙都知道過去跟將來。
他就問老先生將來怎麼樣，老先生
說：「連現在的事情我們都看不明白，
怎麼知道將來的事呢？」問他怎麼可
以長生不老¹，他說：「那不是你們作
官的人能辦得到的。」中堂覺得他甚
麼都不說只好出來了。

　小張又送他回朝鮮。國王很熱心，
問他參觀的情形怎麼樣，問他喝茶
沒有。他說他喝的是熱茶沒喝涼茶。
沒想到國王說：「我以為你運氣不錯
呢，小張把你帶去，你怎麼不喝那碗
涼的呢！難得他請你喝，那是天堂
裏的仙水。喝一碗就可以長生不老
了。真可惜！」中堂一聽喝那碗涼茶
就可以長生不老，人家請我喝我都

---

1. chángshēngbùlǎu long life without old age, eternal
                    youth

不喝，我還問他怎麽能長生不老，怪不得他不告訴我呢。

　　劉中堂辦完了事，回國的時候，國王送給他一件寶貝，用白紙包得很結實，並且再三告訴他，要是離海太近可別看。劉中堂謝了國王，特別謝謝小張，跟大家說完再見，帶着人，騎着馬走了。

　　人是這樣，越叫他別看他越是想看。這位中堂剛離開海口沒多遠，他就把紙一張一張的拿開扔了。扔了一百張紙才看見這個寶貝是一個鏡子[1]。拿起來一照，從鏡子裏看見龍宮[2]裏的龍兒龍女，跟龍宮裏各種各樣的寶貝。正在看呢，了不得！忽然聽見一陣大風，也看見海水忽然上了陸地了，就在他後頭跟着他。

1. jìngdz　mirror
2. Lúnggūng　palace of Neptune

他很害怕就叫馬快跑，可是風更快，
雲彩也上來了，天也黑了，要下大
雨。他想這是龍王[1]生氣了，立刻就
把鏡子往海水裏一扔，真奇怪，海
水立刻就落下去了，雲彩也沒有了，
劉中堂才放心。

1. Lúngwáng The Neptune in Chinese legend

NEW CHARACTERS AND EXPRESSIONS
BEYOND READ CHINESE BOOK II

The following list is arranged by a combination of
stroke-counting and stroke order. In this system a character
or a combination is first sorted into a group according to
the number of strokes in the character or the number of
strokes in the first character of the combination. The group
is subdivided according to the value of the first stroke
arranged in the order of 1: a dot (ˋ), 2: a horizontal stroke
(—), 3: a vertical stroke (𝖨), 4: a left downward slant (⁄).
Within each subdivision the arrangement is made according to
the value of the second stroke, and so on.

		Page Number	Lesson Number
1 - 3 STROKES			
一身	yìshēn - whole body	60	9
一線光明	yísyàn gwāngmíng - a thread of hope, a ray of light	92	14
人家	rénjyā - family	12	3
八哥兒	Bāgēr - myna bird	1	1
丫頭	yātou - a slave girl	117	18
工錢	gūngchyan - wage	63	10
大人	Dàren - Sir (mandarin of rank)	63	10
小偷兒	syǎutōur - thief	57	9
口袋	kǒudai - bag	119	18
山洞	shāndùng - cave	68	10

4 STROKES

文章	wénjāng - essay	125	19
王六郎	Wáng Lyòulyáng - Wang the sixth	38	7
扎	jā - to stick	73	11
不知不覺	bùjrbujywé - unconscious, unaware	44	7
日	r̀ - day of the month	121	18
中堂	jūngtáng - a grand secretary of former days	130	20
斤	jīn - catty	113	17
公事	gūngshr̀ - official business	78	12
公差	gūngchāi - official servant, clerk	77	12

5 STROKES

主人	jǔren - master, host	8	2
可怕	kěpà - dreadful	12	3
可愛	kěài - lovable	80	12
可憐	kělyán - pitiful	116	18
打仗	dǎjàng - to fight a war	102	16
打起來	dǎchilai - to start a fight	9	2
打魚	dǎyú - to fish	39	7
打魚的	dǎyúde - fisherman	39	7
打聽	dǎting - to make inquiries	128	19

5 STROKES (CONT.)

本地	běndì - local	48	7
本事	běnshr - ability	18	4
用人	yùngren - servant	4	1
出事	chūshr̀ - to have an accident	116	18
代替	dàitì - to substitute	30	6
仙	syān - a fairy	99	15
仙女兒	syānnyǔr - fairy	115	18

6 STROKES

衣服	yīfu - clothes	52	8
再三	dzàisān - again and again	61	9
老虎	lǎuhǔ - tiger	82	13
地府	dìfǔ - hades	91	14
扔	rēng - to throw away	75	11
有心	yǒusyīn - intentionally	125	19
而成	Érchéng - a first name	102	16
光明	gwāngmíng - bright	128	19
同時	túngshŕ - at the same time	89	14
早晚	dzǎuwǎn - sooner or later	33	6
吃苦	chr̄kǔ - to suffer	73	11
叫醒	jyàusyǐng - to wake up	110	17
回頭	hwéitóu - to turn one's head	35	6

6 STROKES (CONT.)

收	shōu - to keep	63	10
多情	dwōchíng - sentimental	102	16
好不容易	hǎuburúngyi - finally, not at all easy	12	3

7 STROKES

宗	Sùng - a Chinese surname	124	19
床	chwáng - bed	53	8
求	chyóu - to beg	73	11
孝順	syàushwun - filial, care for parents	91	14
扶	fú - to assist (by hand)	128	19
男男女女	nánnánnyǔnyǔ - men and women	52	8
別再遠送了	byédzài ywǎnsùng le - don't accompany (me) any further	50	7
肚子	dùdz - stomach, belly	74	11
住下	jùsya - to stay	53	8
佛經	fwójīng - Buddhist scriptures	92	14
作主	dzwòjǔ - to make a decision	101	16
作媒	dzwòméi - to act as a marriage go-between	102	16
作夢	dzwòmèng - to dream	58	9
伯父	bwófù - father's elder brother	102	16
身上	shēnshang - on the body	4	1

8 STROKES

治	jr̀ - to cure	19	4
官	gwān - official	19	4
官府	gwānfǔ - the official residence of a high ranking mandarin	124	19
京城	jīngchéng - capital city	124	19
放	fàng - to release	86	13
長	jǎng - to grow	58	9
長生不老	chángshēngbùlǎu - long life without old age, eternal youth	133	20
表演	byǎuyǎn - to perform	30	6
尾巴	yǐba (wěiba) - tail	6	2
其實	chíshŕ - as a matter of fact	16	3
兩	lyǎng - tiel	3	1
抬	tái - to raise (one's head)	35	6
到底	dàudǐ - after all	79	12
果然	gwǒrán - indeed, really, truly	13	3
呀	ya - a final particle	115	18
明朝	Míngcháu - Ming Dynasty	89	14
姐夫	jyěfu - elder sister's husband	124	19
姓名	syìngmíng - name (family + first name)	41	7
爬	pá - to crawl	27	5
念	nyàn - to chant	92	14

8 STROKES (CONT.)

金剛經	Jīngāngjīng - The Diamond Sutra	92	14
狗	gǒu - dog	26	5

9 STROKES

洗澡	syǐdzǎu - to bathe	4	1
訂婚	dìnghwūn - to engage	101	16
軍官	jyūngwān - military officer	8	2
前前後後	chyánchyánhouhòu - first and last, from beginning to end	56	8
迷魂湯	míhwúntāng - waters of oblivion (given to the souls so that they will forget their past life when they are reborn)	24	5
首	shǒu - measure for poem	127	19
封都縣	Fēngdūsyàn - name of a Chinese county	88	14
胡	Hú - a Chinese surname	101	16
故意	gùyì - on purpose	125	19
查	chá - to check	126	19
咬	yǎu - to bite	27	5
咳嗽	késou - to cough	19	4
看出來	kànchulai - to notice by seeing	12	3
看相	kànsyàng - to practice physiognomy	18	4
信佛	syìnfwó - to believe in Buddhism	100	16
便宜	pyányi - inexpensive	113	17
秋松	Chyōusūng - a first name	118	18

9 STROKES (CONT.)

紅紅的	húnghúngde - reddish	118	18
紅紅綠綠	húnghunglyùlyù - all kinds of color	98	15
紅點兒	húngdyǎr - red dot	30	6
盆	pén - basin, pot	20	4
狐狸	húli - fox	110	17

10 STROKES

流	lyóu - to flow	79	12
酒醒了	jyǒusyǐngle - to become sober	84	13
害怕	hàipà - afraid	78	12
案子	àndz - case	52	8
旁邊兒	pángbyār - side	83	13
訓練	syùnlyàn - to train	32	6
畝	mǔ - a Chinese land-measure (6.6 mǔ equal one acre)	113	17
祖父	dzǔfù - grandfather	124	19
神仙	shénsyan - fairies, genii	13	3
神像	shénsyàng - an idol	48	7
馬	mǎ - horse	6	2
泰安縣	Tàiānsyàn - name of a Chinese county	77	12
陣	jèn - a spell (of wind)	49	7
起...風	chǐ...fēng - wind starts to blow	35	6

10 STROKES (CONT.)

桃兒	táur - peach	98	15
捆	kwǔn - to tie up	86	13
城隍	chénghwáng - the god of the city	46	7
埋	mái - to bury	87	13
孫	Swūn - a Chinese surname	52	8
原來	ywánlái - originally, actually	20	4
原諒	ywánlyàng - to forgive	73	11
唧唧喳喳	jījijājā - chirping	13	3
針	jēn - needle, pin	73	11
釘	dīng - to nail	72	11
殺	shā - to kill	86	13
島	Dǎu - Island	129	20
追	jwēi - to chase after	8	2
追不上	jwēibushàng - can't catch up	52	8
鬼	gwěi - ghost	25	5
倒	dàu - to pour	24	5
拿人	nárén - to arrest someone	78	12

11 STROKES

清	chīng - clear	24	5
清清楚楚的	chīngchingchuchūde - clearly	35	6
婆婆	pwópwo - husband's mother	107	16

11 STROKES (CONT.)

混	hwún - turbid or dirty	20	4
瓶	píng - bottle	110	17
鹿	lù - deer	87	13
着火	jáuhwǒ - to catch fire	12	3
救	jyòu - to put out (fire)	12	3
娶	chyǔ - to marry (a girl)	104	16
掉	dyàu - to fall, to drop	42	7
眼淚	yǎnlèi - tears	91	14
眼睛	yǎnjing - eyes	95	15
問長問短	wènchángwèndwǎn - to ask all kinds of questions	121	18
啊呵	a! - a final particle expressing exclamation	47	7
國王	gwówáng - king	72	11
蛇	shé - snake	27	5
莊	jwāng - village	58	9
崔	Tswēi - a Chinese surname	6	2
腳	jyǎu - foot	99	15
造	dzàu - to build	79	12
停住	tíngju - to stop, to cease	53	8
您	nín - you (polite form)	12	3
得不着	débujáu - unable to obtain	103	16
從⋯起	tsúng...chǐ - since...	94	15

12 STROKES

窗户	chwānghu - window	4	1
就是	jyòushr - even if	46	2
就是了	jyòushŕle - that's all	13	3
痛快	tùngkwai - happy	86	13
發財	fātsái - to make a fortune	18	4
雲彩	yúntsai - clouds	98	15
畫家	hwàjyā - artist	101	16
惠芳	Hwèifāng - a first name	116	18
喜酒	syĭjyǒu - wedding banquet	53	8
越來越...	ywèláiywè... - getting more and more...	3	1
越飛越遠	ywèfēiywèywǎn - flying farther and farther	4	1
朝鮮	Cháusyǎn - Korea	130	20
棺材	gwāntsai - coffin	128	19
最後	dzwèihòu - at last, the very last	60	9
開	kāi - to bloom	66	10
華	Hwá - a Chinese surname	89	14
菱角	Língjyau - a first name	101	16
答應	dāying - to promise, to agree	28	5
舒服	shūfu - comfortable	20	4
無	wú - without, to have not	127	19
無心	wúsyīn - unintentionally	125	19

2 STROKES (CONT.)

焦	Jyāu - a Chinese surname	101	16
結	jyē - to bear	99	15
嫁	jyà - to marry (a man)	101	16
嫂子	săudz - an elder brother's wife	72	11
猫	māu - cat	110	17

3 STROKES

滅	myè - to put out, gone out (fire or light)	89	14
新房	syīnfáng - bride chamber	54	8
新郎	syīnláng - bridegroom	51	8
新娘	syīnnyáng - bride	52	8
道士	dàushr̀ - taoist	12	3
道謝	dàusyè - to express one's thanks	107	16
壽命	shòumìng - a person's allotted span (of life)	78	12
殿	dyàn - temple, palace	71	11
搖	yáu - to shake	119	18
碰	pèng - to touch, to meet	34	6
碰見	pèngjyan - to run into, to come across	52	8
感謝	gănsyè - thankful	10	2
跳	tyàu - to jump	7	2
亂	lwàn - chaotic	102	16

13 STROKES (CONT.)

傳票	chwánpyàu - a summons	124	19
傷	shāng - to hurt	36	6
媽媽	māma - mamma	25	5
腸子	chángdz - the intestine	73	11

14 STROKES

漂亮	pyàulyang - handsome	111	17
認真	rènjēn - to take it seriously	18	4
養	yǎng - to raise	2	1
經神病	jīngshénbìng - mental disease	111	17
趕走	gǎndzǒu - to chase away	6	2
疑心	yísyīn - to suspect	52	8
摸	mwō - to touch	32	6
碗	wǎn - bowl	20	4
蓋	gài - to cover	25	5
夢見	mèngjyan - dream of	48	7
聞	wén - to smell	66	10
跪下	gwèisya - to kneel down	85	13
罰	fá - to punish	25	5
算	swàn - to tell (one's fortune)	77	12
算命的	swànmìngde - fortune teller	77	12
種	jùng - to plant	98	15

4 STROKES (CONT.)

種子　　　　jǔngdz - seeds   113   17

腿　　　　　twěi - leg   25   5

5 STROKES

廟　　　　　myàu - temple   30   6

磕頭　　　　kētóu - to kotow   72   11

麵　　　　　myàn - flour, dough   65   10

嘴　　　　　dzwěi - mouth   32   6

靠　　　　　kàu - to depend on   91   14

躺　　　　　tǎng - to lie   35   6

劉　　　　　Lyóu - a Chinese surname   24   5

6 STROKES

鄰居　　　　línjyu - neighbor   59   9

燒　　　　　shāu - to cook   59   9

蕎麥　　　　chyáumài - buckwheat   113   17

罵　　　　　mà - to scold   58   9

鴨子　　　　yādz - duck   14   3

頭髮　　　　tóufa - hair   101   16

橋　　　　　chyáu - bridge   52   8

櫃子　　　　gwèidz - chest   96   15

墳　　　　　fén - grave   56   8

17 STROKES

漢字			
濕	shŕ - wet	65	10
龍王	Lúngwáng - The Neptune in Chinese legend	135	20
龍宮	Lúnggūng - palace of Neptune	134	20
講究	jyǎngjyou - particular about	71	11
聲	shēng - measure of voice or sound	16	3
聰明	tsūngming - intelligent, clever	2	1
臨清縣	Línchīngsyàn - name of a county	6	2
壓死	yāsž - to crush to death	27	5
點上	dyǎnshang - to light up	110	17
點頭	dyǎntóu - to nod the head	86	13
賺	jwàn - to earn (money)	18	4
嚇	syà - to be scared	35	6
還	hwán - to return (something)	9	2

18 STROKES

漢字			
騎	chí - to ride (horse)	7	2
轉	jwàn - to whirl around	49	7
鞭子	byāndz - whip	25	5
題目	tímù - theme, subject	125	19
閻王	Yánwang - King of Hades	24	5

19 STROKES

寶貝 bǎubèi - treasure   97   15

癢 yǎng - itchy   58   9

鬍子 húdz - beard   126   19

壞意 hwàiyì - bad intention   73   11

藥方子 yàufāngdz - prescription   18   4

難得 nándé - hard to get   66   10

難過 nángwò - sad   4   1

關公 Gwāngūng - a Chinese hero during the   124   19
period of the Three Kingdoms

關起來 gwānchilai - to lock up (someone)   61   9

鏡子 jìngdz - mirror   134   20

繩 shéngdz - rope   86   13

20 STROKES AND UP

勸 chywàn - to advise   28   5

饒 ráu - to spare   86   13

蘭花 lánhwā - orchids   66   10

變成 byànchéng - to change into   65   10

聽話 tīnghwà - to obey   30   6

聽不出來 tīngbuchulái - can't make out by   48   7
hearing

籠子 lúngdz - cage   4   1

靈 líng - efficacious   20   4

觀音 Gwānyīn - The Goddess of Mercy   101   16